INTRANSICIONES
Crítica de la cultura española

Eduardo Subirats (Ed.)

INTRANSICIONES
Crítica de la cultura española

BIBLIOTECA NUEVA

Cubierta: A. Imbert

© Los autores, 2002
© Editorial Biblioteca Nueva, S. L., Madrid, 2002
    Almagro, 38
    28010 Madrid

ISBN: 84-7030-975-7
Depósito Legal: M-15.491-2002

Impreso en Rógar, S. A.
Impreso en España - *Printed in Spain*

Ninguna parte de esta publicación, incluido diseño de la cubierta, puede ser reproducida, almacenada o transmitida en manera alguna, ni por ningún medio, ya sea eléctrico, químico, mecánico, óptico, de grabación o de fotocopia, sin permiso previo del editor.

ÍNDICE

Introducción, Eduardo Subirats	11
Autores de *Intransiciones*	19
De la emancipación al simulacro: la ejemplaridad de la transición española, Alberto Medina	23
Vidas ejemplares. Algunas aproximaciones desde la historieta a la modernidad de los 80, Pedro Pérez del Solar	37
Zarzuela y restauración en el cine de Almodóvar, Rafael Lamas	53
Vertiginosa evanescencia. Notas sobre arquitectura y ciudad en España, 1975-2000, Antonio Fernández Alba	61
Transición y Espectáculo, Eduardo Subirats	71
La feria de las vanidades: crítica literaria y mercado en la España post-posmoderna, Ana Nuño	87
¿La agonía de Franco? Políticas culturales de la memoria en la democracia, Cristina Moreiras	99
Conmemoraciones para el olvido. España, 1898-1998, James D. Fernández	133
La transición quijotista, Christopher Britt	143
Intransiciones lingüísticas, Carlos Subirats Rüggeberg	157

INTRODUCCIÓN

¿Transición? ¿La transición española? ¿Transiciones democráticas? ¿Transiciones, de dónde a dónde? ¿De qué a qué? ¿Un concepto sociológico de transiciones? ¿Un simulacro? Ritualizado emblema mediático que ha adoptado a fuerza de diseminarse la apariencia de un concepto. Transición como cambio constitucional. Denominación jurídica. Transición como construcción de un consenso performatizado. Teatro de representaciones partidistas: su guión se encuentra en otra parte. Intertextualidades estético-políticas. Transición nominalísticamente coagulada como concepto formal y categoría deductiva. Transiciones trivializadas: políticamente, mediáticamente, académicamente.

Definición alternativa: Nombre del proceso de adaptación administrada a un orden electrónico y financiero globalizado en los territorios geopolíticamente periféricos del capitalismo postindustrial, identificados con un concepto indefinido de modernidad y modernización, oscuramente sobrepuesto a instituciones sociales y políticas, y tradiciones culturales premodernas, no modernas, antimodernas, poscoloniales o totalitarias, maquilladas por las estrategias mediáticas de la sociedad del espectáculo. También llamada posmodernidad.

Precisamente por eso la Transición ha cristalizado como firme signo político y tópico académico canónico. Transición transicionalista. Metafísicamente realzada. Cambio absoluto. Sin mácula. España: espejo y modelo de transiciones cristalinas y pacíficas, milagrosas y perfectas, dechado heroico de virtudes virtuales, ejemplo glorioso de los valores universales del espectáculo electrónico posmoderno trasladado a misión secular hacia los extremos del *totus orbis* y *mundus totus* para oprobio de los pecados nefandos de salvajes facundos y tiranobanderas de Hispanoamérica. Transición izada como bandera política y signo de identidad nacional: sublime transición, cambio originado en sí mismo, ruptura abierta como flor milagrosa, llaga del desierto, revolución semiológica *ex nihilo*. Concepto vacío.

De dónde esta transición absoluta e imaginaria, ilustrada y opaca: ¿De las entrañas del nacionalcatolicismo: la palabra que no debe pronunciarse? ¿Se crió en las aguas turbias del totalitarismo fascista?

¿La continuación de una dictadura bananera de gobernadores de reinos taifas? ¿Intransiciones de una democracia orgánica a otra democracia mediática? ¿Transustanciación milagrosa a partir de un innombrable «régimen anterior»? El concepto historiográfico, politológico o sociológico de transiciones democráticas ha ocultado bajo jergas formalistas las reales filiaciones históricas, institucionales, religiosas y políticas que efectivamente atraviesan el proceso de transformación social y política que media entre la dictadura nacionalcatólica española y la sociedad espectacular posmoderna. Ha ignorado los contrabandos simbólicos, institucionales e intelectuales que han atravesado furtivamente la virtual frontera constitucional entre la dictadura eclesiástico-militar del generalísimo Franco y los avatares del régimen constitucional que le siguió. La transición y la Transición, ruptura y continuidad, cambio y cambio del cambio, exacerbación de los valores de la España ciega de héroes imperiales y gestas de conquista, y purificación mediática de sus cegueras en espectáculos de seductora miseria: ambigüedad de signos, adaptaciones complejas a fuerzas y estímulos precarios, juegos efímeros de imágenes en moción, continuidades transicionales, y transiciones de continuos simbólicos e institucionales, esto es: Intransiciones.

Poner de manifiesto este agujero negro de nuestra memoria y nuestra conciencia social: he aquí la militante voluntad que hila entre sí los ensayos reunidos en este libro. Son una reconstrucción crítica de la representación de la democracia, la restauración hermeneútica de las categorías que arquitecturan el cambalache políticocultural de los años 80 y 90: la Movida y las movidas, los escenarios vacíos de conmemoraciones de la desmemoria, la modernización zarzuelera de una sociedad aplacada, apolítica, apática, apocada, la degradación lingüística de los discursos institucionales de los medios de comunicación o la academia, y la deconstrucción cínica, perversa, achatada y banalizada de las expresiones vitales cotidianas, de la crítica literaria y de la propia lingüística, la transformación efectiva de la sociedad nacionalcatólica, jerárquica, irracional, antimoderna y represiva, en sociedad de consumo, cultura posmoderna, sociedad del espectáculo, estetización de la política, fragmentación micronacionalista, globalización electrónica y financiera, políticas de la pos-soberanía, europeización administrativa y vacío...

Todos estos ensayos modulan con desbordantes diferencias una tesis revulsiva, tan reveladora del caso español, como sugerente e inspirante para la crítica de otros modelos transicionales en los países ex comunistas y, muy particularmente, en América Latina. Tesis: La continuidad histórica entre los regímenes totalitarios y dictatoriales, y las formaciones mediáticas, políticas, financieras y sociales que les han sucedido transicionalmente es la clave hermenéutica que permite comprender estas sociedades: filosófica, cultural y políticamente. Condición intelectual inalienable para reconstruir las crisis que vendrán.

Todos ellos parten de un horizonte tradicionalísticamente escamoteado por el casticismo hispánico: las memorias históricas, aquellas mismas memorias manipuladas, desplazadas y neutralizadas administrativamente; las intensidades intelectuales y artísticas de ayer y de hoy persistentemente ninguneadas en nombre de la aposentada estulticia académica y el folclore electrónico de los eventos estatales de diversión de la masa virtual posmoderna. Las memorias de la España multicultral, de la península islámica y judía, de los genocidios hispánicos de América. La memoria de los héroes hispánicos: la penosa deriva de conquistadores asesinos, tiranos genocidas, sus conceptos carismáticos de autoridad loyolianamente encumbrada, restauraciones bárbaras de despotismos desilustrados, y exilios intelectuales continuados y sellados con el silencio eterno de misas solemnes y oficiantes engolados: el largo legado hispánico que cristalizó en el nacionalcatolicismo de 1939, que amamantó el caciquismo intelectual y político que define la dictadura eclesiástico-militar franquista en cuanto a su concepto; todo lo que coaguló la mediocridad patética de la apertura democrática inaugurada por el general Franco en los años 50.

Estos ensayos señalan una crítica intelectual: que no hay que confundir con las epistemes académicamente enjauladas bajo el sello de marca *Cultural Studies*. Más bien constituyen una limpia mirada crítica: comprometida, sorprendente, independiente, inteligente y, además, chispeante y chistosa. Sus autores son escritores de fronteras. En muchos sentidos de la palabra. Grupo multinacional: Ana Nuño nació en Caracas. Christopher Britt y James Fernández son norteamericanos. Pedro Pérez del Solar es peruano. Todos los demás son también intelectuales exiliados o exiliados intelectuales. Su crítica es el resultado de discusiones deambulantes en las tabernas del East Village, del trabajo diario en los seminarios de la New York University, y a lo largo de una serie de casuales coincidencias clandestinas en México, Lima, Madrid y Caracas.

Todavía algo más: estos ensayos señalan un hito. No solamente ponen de manifiesto el comienzo de una crítica intelectual posible y necesaria, en el ambiente de censura interiorizada y degradación mercantil de la cultura en general y de la producción literaria en particular. Al mismo tiempo, trazan una nueva mirada, inauguran una visión sociológica y civilizatoria inusitada, señalan una revisión de las categorías académicamente canonizadas de modernidad y de posmodernidad.

Último paréntesis: teórico, epistemológico, político. Los análisis comprendidos en este libro giran en torno a una crítica elemental: la producción política de una cultura de simulacros, la performatización administrativa de la política como gran teatro miserable del mundo, el espectáculo mediático, arquitectónico, literario, político. Sus categorías: estrategias de simulación, cultura administrada, la comunicación formalizada y performateada, simulacro de modernidad, estado cultural, contrarreforma neobarroca de la mentalidad posmoderna, teatro del consenso, políticas de la fascinación, culturas del entretenimiento y la diversión...

La crítica del espectáculo ha sido uno de los temas dominantes en la teoría social y literaria de la posmodernidad. Los nombres de Baudrillard, Lyotard o Jameson pueden citarse como lugares demasiado comunes. Pero Rafael Lamas llama la atención sobre un aspecto original y revelador de modernidad exhibicionista y militantemente inconsistente representada por la Movida en general y Almodóvar en particular: su representación trivializada de una modernidad de los signos que no altera las identidades castizas y reproduce el esquema elemental de un progresismo regresivo, cuyo paradigma es la zarzuela madrileña del siglo XIX. Antonio Fernández Alba y yo mismo hemos llamado insistentemente la atención durante años sobre las afinidades subrepticias entre el culto posmodernista del espectáculo político, artístico y financiero, desplegado a lo largo de los 80 con su apoteosis culminante en 1992, y la tradición contrarreformista del Barroco español: clave interpretativa de terribles implicaciones filosóficas, estéticas y políticas.

Pedro Pérez del Solar reconstruye esta misma mentalidad neobarroca, esta misma tradición teatral de la modernidad española en su investigación sobre la vida cotidiana de los años 80 a través de los comics o historietas creados durante este período. Su ensayo, botón de muestra de una investigación pionera sobre este género, encierra un doble valor: descubre en él dimensiones documentales y críticas que nadie antes había investigado, y al mismo tiempo, pone de manifiesto los tremendos contenidos estéticos e intelectuales que lo atraviesan: un verdadero fascismo cotidiano español en el que se hibridizan los gestos sexistas, el autoritarismo político, la corrupción moral, el desengaño social generalizado y un concepto interesante de posmodernidad como escape alucinatorio frente a una situación histórica definida por la confusión y el escarnio masivos.

En su ensayo «De la emancipación al simulacro», Antonio Medina expone una síntesis a estos dilemas. Síntesis que subvierte el orden normal de la representación de lo establecido. El espectáculo neobarroco de la posmodernidad española, esclarecido como la no superación, sino como la expresión misma de su esperpéntico atraso y su antimodernidad nauseabunda. Espectáculo posmoderno que al mismo tiempo conserva y reproduce indefinidamente la farragosa putrefacción de la España unamuniano-orteguiana y sus monaguillos inquisidores. Christopher Britt llega a la misma conclusión por caminos diferentes: su investigación sobre el Quijotismo como ideología de la restauración nacionalista española (otra investigación pionera llamada a establecer una abrupta ruptura en los anquilosados ritos de supervivencia del contemporáneo hispanismo decimonónico). James Fernández y Cristina Moreiras ponen de relieve un tema fundamental en este espectáculo transicional o de la transición como espectáculo: la deformación, la manipulación y el desmantelamiento de la memoria histórica a través de las estrategias mediáticas, burocráticas y académicas de su representación. Ana Nuño y Carlos Subirats Rüggeberg cierran este cuadro con dos llamativos, interesantes y escandalosos intermedios tragicómicos. En un caso se señala, entre risas lascivas y ataques violentos, la ausencia de crítica literaria, la indomable irresponsabilidad intelectual que distingue al mundo editorial español, y el caciquismo de bajo rango que dirige las grandes operaciones comerciales de la miseria intelectual española. En el ensayo de Subirats Rüggeberg se echa un rayo de luz, entre citas de *hightech* y amargos sarcasmos, sobre cuadros de tremendista corrupción intelectual, académicas familias mafiosas y consiguientes guerras sucias contra la competitividad científica española: el paisaje oficioso del vivo atraso de la investigación lingüística oficialmente celebrado bajo el palio de histéricos aplausos sobre la grandeza de la lengua, y la administrativa contaduría agropecuaria del número creciente de cabezas hispanohablantes. Crítica literaria ausente; lingüística esperpéntica: permanencia indeleble del tiempo de silencio...

Este libro señala un hito, una nueva mirada histórica. La crítica del espectáculo que atraviesa estas páginas se encuentra muy lejos de aquella risa frívola, cínica y cómplice que adoptó en gran parte la literatura posmodernista subalterna de los 80 y comienzos de los 90 en América Latina y España. Su tenor más bien se aproxima a la crítica radical de Debord y traza un puente con la imaginación social de los años 60, como expresamente ponen de manifiesto Alberto Medina y Pedro Pérez del Solar. O bien reclama modelos del pensamiento humanista ilustrado, como Christopher Britt, Antonio Fernández Alba y Rafael Lamas. Por lo demás, los grandes disensos y dilemas que se exponen en este libro serán también los grandes problemas intelectuales y políticos que nos ocuparán mañana: la crítica de las representaciones posmodernas, desde la ideología de la acción comunicativa, hasta la degradación industrial del consumo literario, la reconstrucción hermenéutica de la memoria cultural, la revisión de la historia, y la construcción de un espacio social de crítica y reflexión independientes. En el último horizonte de estos ensayos se apunta hacia una perspectiva intelectual renovadora: para la crítica literaria y la filosofía, para la historiografía, y no en último lugar, de cara a una redefinición del intelectual en una época de dramáticas regresiones.

Eduardo Subirats

AUTORES DE *INTRANSICIONES*

CHRISTOPHER BRITT se doctoró en 1998 en la Universidad de Princeton con una tesis sobre *Quijotismo y nacionalismos hispánicos en el siglo xx*. Actualmente es profesor en la George Washington University. Ha publicado varios ensayos sobre la crisis de identidad española a lo largo del ensayo del siglo XX.

JAMES D. FERNÁNDEZ es profesor en New York University y director del Centro Rey Juan Carlos I de España en Nueva York. Ha publicado un libro sobre el discurso autobiográfico en España *(Apology to Apostrophe: Autobiography and the Rhetoric of Self-Representation in Spain,* Duke University Press, 1992). En la actualidad está terminando un ensayo sobre las representaciones del «Nuevo Mundo» en la cultura española *(Brevísima relación de la construcción de España).*

ANTONIO FERNÁNDEZ ALBA es catedrático de proyectos en la Escuela de Arquitectura de Madrid, académico de número de la Real Academia de BBAA de San Fernando y escritor. Sus obras más recientes son: Escuela Politécnica de Alcalá (Alcalá de Henares, 1990-1998). Centro de Investigaciones Biológicas-CSIC (Campus de la Universidad Complutense Madrid, 1991-2000). Libros: *Esplendor y Fragmento: El espacio contemporáneo de la ciudad europea* (Madrid, 1997). *Domus Aurea: Diálogos en la casa de Virgilio* (Madrid, 1998). *De Varia Restauratio* (Madrid, 1999). *Espacios de la Norma-Lugares de Invención* (Madrid, 2000).

RAFAEL LAMAS (New York University) es pianista y escritor. Ha ofrecido conciertos en Italia, Inglaterra, España y los Estados Unidos. Realiza en la New York University una investigación sobre un concepto productivo de memoria cultural, enlazando su experiencia en música, poesía y filosofía.

ALBERTO MEDINA es profesor en Fordham University (Nueva York). Estudió en las universidades de Salamanca, Saint Andrews (Escocia) y USC (Los Ángeles). Doctor por la Universidad de Nueva York. Ha publicado artículos sobre literatura y pensamiento de los siglos XVII y XVIII en España, así como análisis culturales de los últimos años del franquismo y la transición democrática. Su libro *Exorcismos de la memoria: políticas y poéticas de la melancolía en la transición española* se encuentra en curso de publicación.

CRISTINA MOREIRAS-MENOR es profesora de literatura y cultura peninsular en Yale University desde 1996. Ha publicado diversos artículos sobre Juan Goytisolo, Ana Rossetti, Rosalía de Castro, así como trabajos sobre la cultura española de los últimos veinte años. Actualmente está terminando un libro, *La cultura de la democracia: Trauma, espectáculo y violencia en la España contemporánea*, y editando un número monográfico para la *Journal of Spanish Cultural Studies* titulado *Representations of Violence in Democratic Spain*.

ANA NUÑO es poetisa y ensayista. Ha publicado los libros de poesía: *Las voces encontradas* (Dador, Málaga, 1989) y *Sextinario* (Esta Tierra de Gracia, Caracas, 2000), así como numerosos ensayos y artículos en revistas de España, Venezuela y México. Actualmente reside en Barcelona (España), donde dirige la revista de literatura *Quimera*.

PEDRO PÉREZ DEL SOLAR es lector de lengua española en la Universidad de Cornell. Se doctoró en la Universidad de Princeton con la tesis *Historieta y transición,* de próxima aparición.

EDUARDO SUBIRATS ha sido profesor de filosofía, literatura y teoría de la cultura en las universidades de Madrid, México, São Paulo y Princeton. Actualmente es profesor en la New York University. Entre sus libros destacan: *La ilustración insuficiente* (Madrid, 1981); *El alma y la muerte* (Barcelona, 1983); *Da vanguarda ao pós-moderno* (São Paulo, 1984); *A flor e ó cristal* (São Paulo, 1988); *Los malos días pasarán* (Caracas, 1992); *El continente vacío* (México, 1995); *Linterna Mágica* (Madrid, 1997) y *Culturas virtuales* (Madrid, 2001)

CARLOS SUBIRATS RÜGGEBERG es lingüista computacional y profesor en la Universidad Autónoma de Barcelona. Publicaciones más importantes: *Sentential Complementation in Spanish. A lexico-grammatical study of three classes of verbs* (Amsterdam, John Benjamins, 1987) e *Introducción a la sintaxis léxica del español* (Fráncfort, Vervuert, 2000).

De la emancipación al simulacro: la ejemplaridad de la transición española

Alberto Medina

En el Prefacio a la traducción española de *La sociedad transparente,* Gianni Vattimo señala el carácter privilegiado de las sociedades latinas y, en concreto, la española a la hora de llevar a cabo un nuevo modelo de emancipación no revolucionaria, exenta de violencias, fundada tan sólo en «una pequeña distorsión del sentido de las mediatizaciones de nuestra vida» (71). La razón de ese privilegio no sería sino el carácter incompleto, a medio hacer, de los procesos de modernización y racionalización en dichas sociedades. Ese texto aparece en 1989, cuando los momentos álgidos de la transición parecen haber quedado ya atrás, cuando el «éxito» del proceso de democratización está ya desde hace tiempo en boca de todos. Las palabras de Vattimo no son sino la «legitimación» filosófica de un lugar común: la ejemplaridad de la transición española y su carácter de modelo que seguir por los procesos de democratización, primero en Latinoamérica y después en Europa del este[1]. El objeto de estas páginas será interrogar en qué consistió esa ejemplaridad, qué convirtió la transición española en un «relato» de éxito inusitado al que tantos parecieron querer imitar, sin cuestionar demasiado sus posibles defectos. Ese éxito se ha plasmado en una narrativa que soslaya sistemáticamente los graves problemas que plantea el caso español. La proliferación del modelo ofrece simultáneamente una dimensión oculta: la simultánea exportación de sus «males menores». Como veremos, dichos males no son meras excrecencias secundarias de un núcleo esencialmente «sano». Muy al contrario, se instalan en el centro mismo de la concepción del nuevo sistema social y político. Estas páginas proponen un ejercicio de anatomía de una «ejemplaridad» que ha de ser concebida simultáneamente en términos de contagio.

---

[1] Véase por ejemplo Juan J. Linz y Stepan Alfred, «The paradigmatic case of Reforma pactada-Ruptura pactada: Spain» en *Problems,* págs. 87-115.

CRISIS GENERALIZADA

Paradójicamente, esa proliferación de versiones tiene en su origen una profunda crisis narrativa. El final del franquismo no suponía solamente una crisis política o social. La llegada a la «mayoría de edad» tras la prolongada infancia del franquismo, el momento de emancipación, se produce en un mundo que parece haber dejado atrás el proyecto moderno y con él una determinada manera de «contar». La entrada en la modernidad se produce cuando ésta ejerce de epílogo de sí misma. Tras cuarenta años de paréntesis plagados de un discurso furiosamente antimoderno, España se precipita sin preámbulo en el tumulto y confusión de un momento de generalizada crisis ideológica en Europa, donde el proyecto emancipador no es ya discurso unánime sino ruina vilipendiada, donde los relatos ya no se pretenden totales y exclusivos, sino locales, fragmentarios y provisionales (Lyotard, 7-8). Entre el repertorio de valores sistemáticamente privilegiados por el franquismo y la plena inmersión en la «sociedad del espectáculo» hay un vertiginoso vacío que ha de saltarse a toda prisa para no perder el tren europeo. Tras cuarenta años de espera, la ansiada entrada en la modernidad es simultánea a su cancelación. El primer gesto moderno se ve abocado a ser también el último. La asimilación del paradigma se realiza como residuo, huella apresuradamente devorada por el *glamour* posmoderno.

Pero como vimos, para Vattimo es precisamente esa dimensión anacrónica, ese carácter ausente de la modernidad, la ventaja fundamental del caso español. Sin el lastre de una «puesta en obra» en profundidad del proyecto moderno y el desengaño de sus resultados, el caso español va a resultar, *a priori,* un escenario privilegiado para los experimentos procedentes tanto de los «nostálgicos», para quienes España supone un espacio al que todavía no ha llegado el desengaño, como de los abanderados de la posmodernidad, quienes no han de enfrentarse a la tarea de desprenderse de las ruinas de una modernidad previa.

NOSTALGIA Y POSMODERNIDAD: HABERMAS VERSUS LYOTARD

El éxito del caso español radicará en la confluencia, convivencia y finalmente complicidad de esos dos proyectos. La puesta en obra de la «emancipación» española hacia la democracia supondrá la ejemplar conciliación de la gran polémica europea entre nostálgicos y posmodernos cuyo paradigma sería el enfrentamiento Habermas-Lyotard. España será el escenario donde se ensayen dos modelos de emancipación que se entreveran hasta confundirse. La transición desvelaría el proyecto moderno de emancipación actualizado al modo de Habermas, la elegía, como ya siempre un proyecto espectacular, infiltrado profundamente por la misma lógica que pretende combatir, la del espectáculo posmoderno, el pastiche y el simulacro. El caso español resultaría una suerte de atajo o eslabón perdido que hace posible un salto vertiginoso desde una «modernidad» conservada por la izquierda como en un invernadero[2] durante los cuarenta años de franquismo, a la naciente posmodernidad sin necesidad de decadencias intermedias.

Esa confluencia tendrá un nombre de obstinada ubicuidad en los primeros años de la transición. La vieja utopía inalterable de la izquierda va a ser devorada por el pragmático espectáculo del «consenso», un relato elaborado por el poder que presenta una visión armónica del espacio político. Toda diferencia cabe ser superada a través de una utópica armonía comunicativa. Todo se remedia hablando. El fantasma de la Guerra Civil da paso a una elite bien educada que sabe hablar y escuchar, estableciendo un espacio ideal de construcción nacional en el que nadie es peligroso y la transparencia y racionalidad comunicativas reinan sobre cualquier exaltación irracional. No hay principios irrenunciables, ni la histórica oposición a la monarquía para la izquierda republicana ni la legalización del PCE para la derecha franquista.

Hiperracionalización

Desde el principio, al «consenso» se le da la forma de un gran gesto moderno, una utopía de emancipación que toma cuerpo. El punto de partida es el núcleo mismo del proyecto moderno en su versión ilustrada: el consenso es la convención previa a la unanimidad y el umbral de una paz universal producto de la razón (Lyotard, 7). En el caso español, particularmente, esa paz universal se traduce en términos de la clausura definitiva del trauma de la Guerra Civil y el fantasma de las dos Españas.

---

[2] Esa conservación de un modelo de modernidad anacrónica llevada a cabo por la izquierda española durante el franquismo presenta una cierta analogía con la posición de Habermas, quien se sitúa a sí mismo en un estadio previo a la crítica radical de la razón llevada a cabo por sus maestros de la escuela de Fráncfort, Adorno y Horkheimer (Véase, por ejemplo, *The Philosophical Discourse...* 53). Tanto la actitud de Habermas como la de la izquierda española suponen fundamentalmente un ejercicio de recuperación anacrónico que precisa ignorar el momento de decadencia de sus propios presupuestos.

Las negociaciones políticas que darán lugar a los Pactos de la Moncloa y, un año más tarde, a la elaboración de la Constitución, son presentadas por buena parte de los medios de comunicación (la mayoría, empezando por la televisión, aún en manos del Gobierno) como un auténtico ejercicio de emancipación tras cuarenta años de tutela franquista. La idea es convencer a los españoles de la llegada de la modernidad y de la posibilidad y validez de su proyecto en el contexto nacional. Tras cuarenta años de imperio de la irracionalidad político-religiosa del franquismo, ha llegado la hora del triunfo de la razón moderna. Frente al esquema premoderno de una relación mágica entre el sujeto escogido y la verdad, entre Franco y la esencia de España, la nueva verdad democrática se conforma como producto de un acuerdo que se presenta como unánime. Las exclusiones, o no existen, o se minimizan hasta la insignificancia. El ejercicio emancipador resulta inclusivo, pretende abarcar la totalidad del espectro político-social[3]. La racionalidad del consenso se servirá de una utopía comunicativa en la que todos tienen la capacidad de escuchar y de construir principios de convivencia a partir de un idealizado espacio de transparencia y tolerancia. Todo es discutible, no hay opacidades particulares, todo se abre a la consideración general. La disidencia es sometida a un proceso de hiperracionalización. En este sentido, la imagen que el «consenso» pretende ofrecer resulta una meticulosa puesta en práctica del modelo de pragmática y ética comunicativa elaborado por Habermas en torno a esos mismos años. Desde una perspectiva defensora de la pervivencia en estado incompleto del paradigma moderno, el filósofo alemán encuentra en una ideal ética comunicativa el fundamento de una hipotética sociedad capaz de desarrollar el legado de la modernidad.

Desde los últimos 60, la filosofía de Habermas privilegia sistemáticamente el ámbito lingüístico como necesario fundamento de una ideal configuración del espacio social. Sus trabajos intentan llevar a cabo la reconstrucción de una serie de reglas consensuadas en el ámbito pragmático que hagan posible una comunicación hiperracionalizada en que la disensión se supere sin mediación de estrategias irracionales. Es el lenguaje el vehículo privilegiado para llevar a cabo el proyecto moderno de emancipación. (Habermas, *Knowledge*, 314). El momento fundacional de lo social ha de ser (re)construido según un rastreo esencialista de sus rasgos consensuados de identi-

---

[3] «[En los primeros años del posfranquismo] hubo que admitir una falacia tan burda como la de que en aquella pelea política no había vencedores ni vencidos, sino que todos, hermanados ante el altar de la patria, se ofrecían ufanos para arrinconar a los irreductibles del antiguo régimen. De la Secretaría General del Movimiento y del Partido Comunista, líderes responsables sellaban un pacto de honor, no exento de características sicilianas, para un futuro común y un pasado inexistente» (Morán, *El precio*, 22)

dad. En este sentido, la ideal comunidad moderna organizada en torno al culto de la razón se configura a partir de un espacio comunicativo dominado por el objetivo del consenso.

Sin embargo, la supuesta primacía de la razón toma en Habermas la forma de una obsesiva fetichización del «procedimento» (Zizek, 259): el *cómo* se lleva a cabo el proceso de diálogo y negociación política prima en todo momento sobre el *qué* de los contenidos de dicho diálogo. La esencia de la democracia coincide pues con sus formas, su dimensión «espectacular». Las «presuposiciones» del acto comunicativo y las condiciones del procedimiento de diálogo y construcción de opinión se convierten en las únicas fuentes de legitimación del sistema (Habermas, *Between,* 450), «la razón práctica no reside ya en derechos humanos fundamentales o en la sustancia ética de una comunidad específica, sino en las reglas del discurso y las formas de argumentación que toman prestado su contenido normativo de la validez que radica en la acción destinada a alcanzar un entendimiento entre las partes» (Ibíd., 297).

En el contexto español, uno de los filósofos más influyentes de la democracia y, significativamente, intelectual cercano al PSOE, lleva la lógica de Habermas hasta sus últimas consecuencias: frente al tradicional «contrato social», Rubert de Ventós propone un «pacto formal» que parte del presupuesto de una toma de conciencia y positivo reconocimiento del carácter ficcional del Estado. A partir de ahí, la política se fundamentaría en un esquema similar al del «lenguaje fático» descrito por Malinowsky:

> un lenguaje y un comercio sin contenido «comunicativo» ni productivo alguno: tan «formales» pues, como la misma ley, pero que, a diferencia de ella, no vienen a sobreponer e imponer su universalidad a las cosas, sino que emergen natural y necesariamente, funcional y orgánicamente de ella. ¿Y no es ésta acaso la definición misma del principio reglador que estábamos buscando? Un principio a la vez *inmanente* y *trascendente* que no supone tanto la adhesión a una creencia como el respeto a una forma o una cadencia (208).

En definitiva, la nueva «utopía política» a que queda reducida el discurso de la izquierda es una «democracia formal» en que «las formas de trato establecidas dominan tanto sobre los temas tratados o los mensajes emitidos como sobre la intención de quienes los emiten... Sólo protegido así del imperio del *Contenido* y de la *Forma* puede desarrollarse entonces un espacio propiamente social: el país de las *formas*» (209).

La modernidad de Habermas confluye entonces armoniosamente con los postulados del *pensiero debole* de Vattimo y la negación de las grandes narrativas de Lyotard. En su centro se encuentra una convención reconocida como tal, un simulacro. Su lógica última no es la arqueología de una razón universal metamorfoseada en razón comunicativa, sino la meticulosa reproducción del esquema que Debord encuentra en el núcleo mismo de la «sociedad del espectáculo»: éste se torna simultáneamente elemento de lo social y foco de su unificación, fundamento de la integración de una retícula social mediatizada por imágenes virtuales (Debord, 10).

El feliz mundo del consenso

La versión política del «consenso» habermasiano que se intenta construir en los Pactos de la Moncloa y la redacción de la nueva constitución en 1977-1978, supone la revelación del modelo de Habermas como siempre ya «contaminado» por un componente espectacular y posmoderno. Se trata fundamentalmente de «representar» el consenso ante los españoles y construir un esquema espectacular de cohesión social. La elite política se autoconstituye en metonimia de la comunidad y da paso a la representación de un meticuloso drama de reconciliación nacional. Tras cuarenta años de espera, el fantasma de la guerra se exorciza en el escenario político. Los herederos de los dos bandos, en la persona de sus líderes políticos, se muestran tolerantes y dispuestos a llevar a cabo la reconstrucción nacional a través del diálogo. La cobertura mediática del período, si bien no siempre admite obedientemente el guión ofrecido desde arriba, da cumplida cuenta de la imaginería conciliadora y sonriente del consenso. Uno de los periodistas más críticos respecto a los visos que comenzaba a mostrar la Transición, ironiza así sobre el ambiente político que los medios oficiales no paran de difundir a los cuatro vientos. Tras una de las breves crisis (o simulaciones de crisis, como veremos) en el transcurso de las conversaciones preparatorias del proyecto constitucional, un discurso parlamentario del Presidente del Gobierno suscita el siguiente comentario:

> Fue el momento radiante de la jornada el discursillo final: la cadencia en un concierto bien concertado, la improvisación de lo que se esperaba. Y de nuevo la felicidad reinó en el hemiciclo: no había pasado nada. Cuentan los cronistas que Fraga abrazó al presidente y le dijo: ¡Enhorabuena! Y que Felipe González dijo que Suárez había subido su nivel político hasta alcanzar la medida; y los comunistas lo mismo, y Tamames que había sido «breve y conciliador, buscando la síntesis», y vascos y catalanes se dejaron llevar por la pasión del abrazo (Haro Tecglen, «El feliz mundo del consenso», 19).

Como las palabras de Haro Tecglen dejan traslucir, la representación del consenso sigue la pauta de una madurez exhibicionista. El ideal de mayoría de edad alcanzado a la caída del franquismo se formula en una dimensión espectacular. Se trata de escenificar la modernidad, su ideal emancipador, en el contexto y con las reglas de la «sociedad del espectáculo». Al tiempo que se le ofrece al público la imagen del gesto emancipador (alcance de un estadio de responsabilidad sin tutela) dentro de la tradición moderna sobre la que se había construido el imaginario político del posfranquismo desde la oposición, se introduce a la nación, de modo soslayado, en los hábitos de la inminente «sociedad del espectáculo», en la retórica y las reglas de juego de la posmodernidad.

Puro teatro

Desde muy pronto empieza a sospecharse el engaño. Los análisis críticos de los nuevos modos de conducta política se pueblan de una serie de percepciones recurrentes que constituyen un auténtico y apresurado aprendizaje de los mecanismos de la posmodernidad. El consenso empieza a revelarse como paradigma de simulacro posmoderno en un sentido similar al que Baudrillard formulará poco después. La representación teatral ocupará el lugar de lo representado, el signo se tornará sentencia de muerte de su referente (Baudrillard, *Simulacres*, 9-17). Ese proceso se dará con un elevado grado de autoconciencia. En España, la reflexión sobre las implicaciones de la «sociedad del espectáculo» es simultánea al cuestionamiento del guión escogido para implantar la recién estrenada democracia. Un ejemplo paradigmático de dicha simultaneidad lo da el artículo «La inversión de la democracia», firmado una vez más por Haro Tecglen y aparecido en *Triunfo* en 1978. Allí el autor interroga una nueva forma de hacer política. El destinatario del gesto y el discurso políticos no es ya el pueblo, sino la cámara. Ésta deja de ser mediadora que difunde un hecho real para convertirse en foco de simulación. El gesto político que aparece en la televisión no es ya significante de un referente ideológico previo, sino signo aislado sin correspondencia real: «ciertos hechos se producen no por sí mismos o por su importancia intrínseca, sino para poder aparecer en la televisión y ser recogidos por la prensa» (18). El orden de la representación es ahora el auténtico objeto de la política. Ésta se convierte en su propio teatro. Al mismo tiempo, una «auténtica» democracia, sustentada por la transparencia informativa ligada a la libertad de prensa, es sustituida por un sistema en el que, como indica Lyotard (41), el poder del relato le es arrebatado al pueblo. La «inversión de la democracia» le arrebata simultáneamente el poder decisorio relacionado con ese concepto y el acceso a la información que lo hace posible: «Se la robaron al pueblo. La información es del pueblo, o debe ser de pueblo. Forma parte de su patrimonio. La paga. Es cara, cada vez más cara, y la paga» (Haro Tecglen, Ibíd.).

Las palabras de Haro Tecglen, como las de buena parte de la izquierda, están naturalmente impregnadas por el idealismo revolucionario cultivado durante los cuarenta años del franquismo. Los nuevos hábitos políticos no roban al pueblo un acceso a la información que alguna vez hubiese tenido una dimensión real. Lo que le arrebatan es su posibilidad, el ideal moderno de transparencia reprimido por la dictadura y, por tanto, incapaz de ser enfrentado a la progresiva generalización de la «sociedad del espectáculo» en el resto de Europa.

Esa toma de conciencia de la insalvable distancia entre el pueblo y la información controlada por el poder; la traumática revelación de que la política es rigurosamente indistingible de un teatro en que al pueblo sólo se le concede el lugar de pasivo espectador, se constituirá en el centro obsesivo de las críticas a la estrategia del consenso. Si se esbozan en el teatro los rasgos anacrónicos de una emancipación moderna que nunca existió, desde muy pronto éstos son percibidos como versión simulada. El eje fundacional de la nueva democracia no radica en la transparencia informativa, sino en un cinismo que el poder utiliza sistemáticamente y en cuyo uso quiere aleccionar al ciudadano. Todos sabemos que este maravilloso espacio de conciliación y unidad nacional no es más que simulación de sí mismo, pero qué necesidad hay de levantar la máscara. Ese movimiento de revelación abriría la puerta de un retorno a la irracionalidad y la violencia del pasado. El teatro es condición necesaria para una pacífica convivencia. No es otro el pacto que sostiene el consenso y que sus voces críticas unánimemente luchan por desvelar[4].

El consenso se funda, pues, sobre una corrupción cínica del lenguaje respecto a una concepción idealista que creía posible su transparencia[5]. El proceso es denunciado incluso por firmas tan cercanas al desarrollo del consenso como Elías Díaz, intelectual cercano al PSOE y uno de los expertos legales más respetados a la hora de las consultas sobre la redacción de la Constitución. En un artículo con-

---

[4] Tomás Moulián analiza una situación rigurosamente análoga en la transición chilena (32-3, 39).

[5] De nuevo Moulián hace referencia al mismo fenómeno en el contexto chileno: «El consenso es la etapa superior del olvido... o sea, la confusión de idiomas, el olvido del lenguaje propio, la adopción del léxico ajeno, la renuncia al discurso con que la oposición había hablado» (37).

temporáneo a dicha elaboración, Elías Díaz denuncia la progresiva desvalorización del lenguaje, su apartamiento de la realidad. De cara a la galería, los distintos partidos llevan a cabo una radicalización verbal de sus posturas que no corresponde en absoluto a sus intenciones reales *(La transición,* 32-3). La praxis política es sostenida por un juego verbal que no le corresponde[6]. Los votantes, no inmunes a la recurrencia de dicha estrategia, se distancian de sus líderes y de un mensaje que saben falseado. El apogeo de la total ruptura entre la representación de la política y su contenido se dará en el escenario parlamentario. Como han señalado varios historiadores del período (Carr, 237; Colomer, 86; De la Cuadra, 60, 71, 87), las negociaciones sobre la discusión parlamentaria del texto constitucional se llevan a cabo en dos frentes: uno nocturno, secreto y restringido en el que, fundamentalmente dos partidos, UCD y PSOE, deciden en conversaciones de muy pocas personas los contenidos y resultados de las votaciones del día siguiente. Otro, público, multitudinario y rigurosamente artificioso, en el cual, frente a las cámaras televisivas, se simula una discusión y unas posibilidades de modificación inexistentes. De la Cuadra, en su crónica *Del consenso al desencanto* describe así el «Gran teatro del consenso»:

> El consenso provocó a veces situaciones divertidas. Los grupos que suscribieron el pacto constitucional establecieron también un *reparto de papeles* con el propósito, sin duda, de evitar la impresión de una nueva mayoría mecánica. Las votaciones favorables a la propuesta se conjugaron con abstenciones a la misma. Igualmente, el rechazo de las enmiendas aliancistas o del PNV correspondieron en unas ocasiones, a un grupo y, en otras, al contrario, según la especialidad del tema, mientras que los demás debían *interpretar* la abstención. Los principales protagonistas de este *juego escénico* fueron, naturalmente, en razón al volumen de sus votos, UCD y PSOE. Ocasiones hubo en que la falta de memoria de algunos diputados de ambos grupos sobre *el papel que les correspondía,* estuvo a punto de producir resultados abracadabrantes. Más de una vez, la indecisión para levantarse a votar en el sen-

---

[6] Un momento paradigmático de esta estrategia se dará en uno de los momentos más comprometidos y decisivos de la Transición. Tras la legalización del Partido Comunista, Santiago Carrillo, su secretario general, hace pública una nota de reconocimiento inusualmente agresiva contra el principal responsable de la legalización, el presidente Suárez. Ante la acusación de desagradecimiento procedente de sus propias filas, Carrillo relata a unos pocos elegidos la verdad: fue en realidad el mismo Suárez quien le sugirió ese tono de agresividad para mantener distancias frente al PCE a los ojos de los militares. Se trataba pues de fingir una agresividad que no existía, siguiendo el papel escrito desde las instancias gubernamentales. Véase Prego, *La transición* (Documental para TVE), cap. 13.

tido pactado suscitó el urgente recordatorio, por señas, de los diputados del otro grupo (87, cursivas mías).

Cinismo y democracia

La relación entre el Parlamento, como espacio hermético de un consenso ideal (y teatral), y ese otro espacio social ajeno, habitado por el ciudadano de a pie, es análogo a la lógica espacial y arquitectónica de la posmodernidad tal y como ha sido caracteriza por Jameson en su conocido análisis del hotel Westin Bonaventure de Los Ángeles:

> the Bonaventure aspires to being a total space, a complete world, a kind of miniature city; to this new total space, meanwhile corresponds a new collective practice, a new mode in which individuals move and congregate, something like the practice of a new and historically original kind of hypercrowd. In this sense, then, ideally the mini-city of Portman's Bonaventure ought not to have entrances at all, since the entryway is always the seam that links the building to the rest of the city that surrounds it: for it does not wish to be a part of the city but rather its equivalent and replacement or substitute (Jameson, 40).

Del mismo modo, el Parlamento se torna un espacio autosuficiente en el que el único espacio de transparencia se da como simulación. Otra vez igual que el Bonaventure, se rodea de un espejo en que los ciudadanos se ven reflejados a sí mismos, pero que les separa radicalmente de una interioridad inaccesible, el auténtico espacio de toma de decisiones. En definitiva, la democracia se actualiza como una réplica especular y espectacular de la comunidad que oculta el núcleo impenetrable donde se llevan a cabo las tomas de decisiones. Pero como indica Jameson, esa concepción elusiva y refractaria del «centro» tiene como equivalente una transformación paralela en el espacio del ciudadano. En el caso de Los Ángeles, la atomización de una planificación urbana que separa a los individuos en viviendas unifamiliares y distantes entre sí. En el caso de la democracia española, la retirada unánime a un espacio privado de consumo, desencanto y total apoliticismo[7].

---

[7] Ya Debord había advertido la funcionalidad política y económica de una geografía urbana y una red de consumo fundamentada en el aislamiento. Éste resulta imprescindible compañero del espectáculo como nuevo elemento de cohesión social: «Le système économique fondé sur l'isolement est une production circulaire de l'isolement. L'isolement fonde la technique, et le processus technique isole en retour. De l'automobile à la télévision, tous les biens séléctionnés par le système spec-

Lo ocurrido en 1978 no será una estrategia puntual para sacar adelante la tan necesaria Constitución. El Parlamento da comienzo así a un hábito que a partir de ahora no abandonará (Véase, por ejemplo, Cebrián, 68). La política se convierte en un ejercicio de elites distanciadas de la base electoral, a la cual se otorga una posibilidad de simulada participación. Como las imágenes especulares proyectadas en la fachada del Bonaventure, a los electores se les da la apariencia de participación e integración en el sistema al tiempo que el hermetismo del espacio de toma de decisiones es celosamente guardado. La única participación posible se convierte en un ejercicio fundamentalmente cínico e indirecto. Los contenidos y la comunicación real desaparecen ante el ejercicio de simulación de los diputados en su meticulosa representación de un «procedimiento» de diálogo armonioso y sin fisuras. Al mismo tiempo, el espectador es sometido a una radical confusión. El reconocimiento del teatro lleva consigo una total imposibilidad de localizar posiciones reales. Todo es posible sobre el escenario, el imperio de las formas eclipsa por completo cualquier tipo de referencialidad (Baudrillard, 32-3).

A partir de ahora el mecanismo democrático no se fundamentará en la confianza de los electores en el valor de su voto, no radicará más en el carácter «representativo» de las instancias del Estado. Con la nueva democracia surge un nuevo sistema de «cohesión social» que nada tiene que ver con lo que el imaginario social ha estado esperando durante cuarenta años. La clave de cohesión de la nueva sociedad no es de carácter político tradicional (el «contrato social») sino cínico y espectacular (el «pacto formal» de Rubert de Ventós). La creencia ideológica tradicional es sustituida por el cinismo como único modo posible de adaptarse al espacio del espectáculo. La política queda reducida a fetiche televisivo que oculta un lugar de falta cuyo reconocimiento resultaría demasiado traumático. La nueva actitud del ciudadano viene marcada por la cínica sentencia del fetichista: *je sais bien, mais quand même*. Romper el pacto de cinismo supone enfrentarse a una ausencia insoportable, abrir la puerta a una zona de irracionalidad que, durante los primeros años de la transición, es sistemáticamente asociada a la Guerra Civil. El «país de las formas» de Rubert de Ventós se revela entonces como la gozosa admisión del pacto cínico/espectacular como fundamento de lo social. El ciudadano ejemplar de la nueva democracia responde meticulosamente a la caracterización que Sloterdijk hace del cínico contempo-

---

taculaire sont aussi ses armes pour le renforcement constant des conditions d'isolement des "foules solitaires"... Ce qui relie les spectateurs n'est qu'un rapport irréversible au centre même qui maintient leur isolement. Le spectacle réunit le séparé, mais il le réunit *en tant que séparé*» (21-2).

ráneo: aquél no ignora, muy al contrario, sabe muy bien en qué consiste su papel y lo desempaña con perfecto conocimiento de causa. El nuevo ciudadano, como premio por mantenerse al margen de la acción política, obtiene el beneficio narcisista de saberse consciente de su situación, de disfrutar la dimensión sacrificial del yo en bien de la comunidad (Sloterdijk, 5). La ausencia de intervención asegura que, si bien nunca se plantearán grandes remedios, también desaparecerán del horizonte desarrollos traumáticos.

En el caso español, el nuevo sistema adapta en su beneficio elementos fuertemente arraigados en la población en tiempos del franquismo como la sistemática apelación a un sacrificio de corte cristiano en aras de redimir a la comunidad y defender la unidad de la patria. Desde este punto de vista, en la España de la Transición comienzan a surgir una serie de discursos que otorgan un glamour posmoderno a posiciones nihilistas y escépticas. De modo análogo, el otro gran discurso de la transición, «el desencanto»[8] y su aparente dimensión de rebeldía e inconformismo pasivo, no resulta en modo alguno una amenaza para el funcionamiento de la joven democracia como algunos creyeron (Díaz, 125; Marías, 17; Echegaray, 120) sino, muy al contrario, el perfecto complemento de la narrativa institucional del «consenso». La recién estrenada democracia se fundamenta, precisamente, en la despolitización de sus ciudadanos, su retirada del espacio público o la transformación de éste en ese «país de las formas» donde mensajes y posturas quedan relegadas frente a la absoluta primacía de una dimensión puramente formal.

Tras esta breve anatomía podemos ya retomar la pregunta con que iniciábamos estas páginas: ¿En qué radica el inusitado éxito del modelo de transición española? Si bien esos años dejarán tras de sí la estela del «desencanto», de no haber contentado realmente a nadie, sin embargo, simétricamente, el modelo escogido se caracterizaba por un perfecto eclecticismo que ofrecía algo a todo el mundo: a los modernos, la supervivencia de su proyecto, si bien meticulosamente vaciado y convertido en pastiche de sí mismo, en pura farsa; a los posmodernos, el cínico reconocimiento de la muerte del referente a manos de un régimen simbólico omnívoro y su uso pragmático para hacer política y no sólo contemplarla. A los premodernos anclados en la retórica cristiana del franquismo se les da la posibilidad de asirse a la contemplación en el espejo de su resignada inmo-

---

[8] «La desmovilización y desintegración de la mayor parte de la vanguardia política que encabezó la lucha contra la dictadura con el consiguiente repliegue de sus componentes a la vida privada, y la simultánea despolitización de un amplio sector del electorado, manifiesta en el continuo crecimiento de las tasas de abstención entre 1977 y 1979» (Paramio, «El final del desencanto», 17).

vilidad autosacrificial por el bien de la patria. E incluso, los anarquistas y pasotas que tanto proliferaron por esos años pueden disfrutar de su rebeldía y de su marginalidad a la vez que alimentan la lógica desparticipativa de que se nutre la recién estrenada democracia. En todo caso, el nuevo sistema integra a todos esos grupos de modo que su potencialidad crítica es reconducida paradójicamente para alimentar y fortalecer el perfecto funcionamiento del sistema.

Es ese extraordinario eclecticismo, esa facilidad posmoderna para asimilar al otro debilitando al yo, la que atrajo a centenares de observadores de Latinoamérica y Europa del este. Sin embargo, quizá haya llegado el momento de revertir el flujo. En esos países comienza a surgir una corriente crítica (desde Moulian y Richard en Chile a Zizek en Eslovenia) que cuestiona con extrema dureza las estrategias de la entrada al paraíso democrático. Sería bueno encontrar en esos textos los elementos de una meditación pendiente que en España ha sido eclipsada durante años por el exultante y espectacular discurso de una pos/modernización meteórica a la que quizá se le haya olvidado algo (y aun algos) en el camino.

BILBIOGRAFÍA

BAUDRILLARD, Jean, *Simulacres et Simulation*, París, Éditions Galilée, 1981.
CARR, Raymond y FUSI, Juan Pablo, *Spain: Dictatorship to Democracy*, Londres, George Allen & Unwin, 1981.
CEBRIÁN, Juan Luis, *La España que bosteza,* Madrid, Taurus, 1980.
DEBORD, Guy, *La Societé du Spectacle.*
DÍAZ, Elías, *La Transición a la democracia (Claves ideológicas 1976-86),* Madrid, Eudema, 1987.
ECHEGARAY, Fabián y EZEQUIEL Raimondo, *Desencanto político, transición y democracia,* Buenos Aires, Centro Editor de América Latina, 1987.
HABERMAS, Jürgen, *Knowledge and Human Interest,* Boston, Beacon Press, 1971.
— *The Philosophical Discourse of Modernity.* Cambridge, The MIT Press, 1987.
— *Between Facts and Norms: Contributions to a Discourse Theory of Law and Democracy,* Cambridge, The MIT Press, 1998.
HARO TECGLEN, Eduardo, «El feliz mundo del consenso», *Triunfo,* 794 (1978), págs. 18-9.
— «La inversión de la democracia», *Triunfo,* 797 (1978), págs. 18-9.
HIRSCHMAN, Albert O., *Shifting Involvements: Private Interest and Public Action,* Princeton, Princeton UP, 1982.
JAMESON, Fredric, *Postmodernism or The Cultural Logic of Late Capitalism,* Durham, Duke University Press, 1991.
LINZ, Juan J y STEPAN, Alfred, *Problems of democratic Transition and Consolidation,* Baltimore, Johns Hopkins UP, 1996.

LYOTARD, Jean-François, *La condition postmoderne: rapport sur le savoir,* París, Les éditions de minuit, 1979.
MARÍAS, Julián, *La devolución de España,* Madrid, Espasa-Calpe, 1977.
MORÁN, Gregorio, *El precio de la transición,* Barcelona, Planeta, 1992.
MOULIAN, Tomás, *Chile actual: Anatomía de un mito,* Santiago de Chile, Arcis, 1997.
PARAMIO, Ludolfo, «El final del desencanto», *Leviatán,* 9 (1982), págs. 17-32.
RUBERT DE VENTÓS, Xavier, *De la modernidad: ensayo de filosofía crítica,* Barcelona, Península, 1980.
SAVATER, Fernando, *La tarea del héroe.* [1981] Barcelona, Destino, 1992.
SLOTERDIJK, Peter, *Critique of Cynical Reason,* Minneapolis, University of Minnesota Press, 1987.
VATTIMO, Gianni, *La sociedad transparente,* Barcelona, Paidós, 1990.
ZIZEK, Slavoj, «Beyond Discourse Analysis», en Ernesto Laclau (ed.), *New Reflections on the Revolution of our Time,* Nueva York, Verso, 1990, páginas 249-60.

Vidas ejemplares.
Algunas aproximaciones desde la historieta a la modernidad de los 80

Pedro Pérez del Solar

> La Modernidad, tanto en una obra creativa como en la propia vida, es necesaria si no se quiere ser un berzas (Ramón de España, *Cairo*, 5).

Durante la Transición, la historieta (es decir, el tebeo, el cómic) supo ser testigo de su tiempo. Y no hablo sólo de la historieta de actualidad, de denuncia social o humor político; me refiero también a la historieta de ficción, narrativa ante todo, en la que los autores pusieron en escena su presente con lucidez e ironía pocas veces alcanzadas por otros medios expresivos durante ese período.

Hay muchos aspectos de esos años que pueden ser iluminados por la historieta. En este artículo quiero referirme especialmente a uno: la modernidad; más específicamente, a las formas cómo se entendió ésta, o el «ser moderno» en este período. Intento deducir el campo que abarcó este término a partir de su uso en las historietas. En su uso más difundido, «moderno» es un calificativo para «lo nuevo», lo *de ahora y no de antes;* sirve para hablar de los nuevos prestigios y nuevos intereses. Estudiar lo moderno en una etapa de transición, como fue la española a principios de los años 80, es estudiar las direcciones que tomó el cambio y hacia dónde se proyectaba; pues lo moderno es algo que está en el presente y, a la vez, es un síntoma del futuro

1) En 1980, Miguel Gallardo publica en la revista *Bésame Mucho* la historieta «Soy tan moderna», humorística parodia de biografía del ficticio artista plástico Conchita Merlini. En ella presenta tempranamente varias de las características más importantes de los «modernos», una especie que se multiplicaría en España en los años siguientes, especialmente en el campo cultural[1].

---

[1] Además de «Soy tan moderna», Gallardo dedica a los «modernos» buena parte de sus historietas publicadas en *Cairo* (como «Moderno del año» —*Cairo*, 6—), luego recogidas en el álbum *Pepito Magefesa (Complot*, 1984); y también historietas como «Moderne Katalanische» *(Makoki,* 14), o «Who is Who» *(Makoki,* 14).

Ya desde su título, la historieta «Soy tan moderna» hace evidente la posibilidad de la modernidad como un atributo individual; una persona puede ser más moderna o menos moderna. Gallardo se adelanta en anotar lo que poco después será una realidad evidente: un país que se empieza a llenar de personajes autodenominados «modernos» sin ser aún un país moderno.

La paródica biografía de Conchita Merlini permite ver con claridad cómo «moda» y «modernidad» llegan al punto de considerarse términos que se implican entre sí; ambos son distintas formas de ser «lo nuevo». La modernidad de un personaje se establece, en buena parte, por su capacidad de seguir puntualmente las modas culturales. Conchita Merlini las sigue, subiéndose al carro de cada nueva vanguardia «canonizada».

Conchita Merlini también es moderna por lograr mantener la visibilidad pública. En las creencias de los años 80 (y los años por venir), aparecer en los medios de comunicación es acceder a una forma superior de existencia (más bien, a la existencia propiamente dicha). A principios de esa década los artistas *modernos* luchan por lograr esa visibilidad: se filman, pintan y fotografían, se hacen visibles entre sí; «existen» en las obras de los otros[2]. Más adelante la amplia cobertura

---

[2] Hay muchos ejemplos de esto, sólo menciono unos pocos: Alaska, Ceesepe y los Costus aparecen en *Pepi, Lucy y Bom* de Almodóvar; Santiago Auserón, Poch y Pablo Pérez-Mínguez en *Laberinto de Pasiones*. Pérez-Mínguez, en su serie «Madrid foto-poro» (1980), fotografía a la mayoría de personajes luego vinculados a la Movida madrileña. Ceesepe incluye a varios de estos personajes en sus ilustraciones tituladas «Ángeles negros» y un retrato de Ouka-lele en su historieta «Estrellita» *(El Víbora* 26). Radio Futura habla de Alaska en su canción «Divina», etc.

de la denominada «movida madrileña» convertirá en *estrellas* a varios de ellos y les otorgará una fuerte «presencia» en los medios. Lo «fascinante» va a ser empezar a ser considerado equivalente (o componente) de lo «moderno» en la España de los primeros años 80. Parte de la modernidad de Conchita Merlini, por ejemplo, está en su capacidad de fascinar, de ser siempre un espectáculo. Es bueno que un personaje o una obra sean fascinantes; no es malo tampoco que exista el espectáculo puro, hueco, sólo imagen. Lo alarmante es cuando la producción cultural empieza a convertirse en exclusiva producción de espectáculos carentes de profundidad y calidad que lleva a una verdadera sobrepoblación de fantasmas. La agenda cultural de la revista *La Luna de Madrid* puede proporcionar muchas muestras de este tipo de obras; pero estos espectáculos fáciles, fotografías perdidas entre la moda y la aspiracion a los museos, canciones ligeras con clichés *arties*, parecerán inocentes juegos de niños junto a los espectáculos que fueron parte de los fastos del 92, donde se contó con el dominio casi total del aparato mediático del país (Ésos sí que fueron espectáculos. Eso sí que fue vacío).

Lo nuevo en los años 80 es también la reivindicación de la cultura como diversión. En principio, la reivindicación de lo lúdico es justa; es obvio que de dos obras de la misma densidad, la más divertida tiene un valor añadido. Tal como dice la cita de G. K. Chesterton (que *Onliyú* pone en *El Víbora*, 50): «lo divertido no es lo contrario de lo serio, sino de lo aburrido». Sin embargo, el gran problema de esta reivindicación de lo divertido fue, justamente, que en la mayoría de los casos se lo identificó como lo opuesto a lo serio. Así, el nuevo prestigio de lo lúdico fue una de las justificaciones de la banalidad que inundó el campo cultural español en ese período. La parodia «Andy Warhol's Interview» *(Cairo,* 8, 1982) de Gallardo, permite ver estos nuevos prestigios en una página publicitaria de revista *moderna*. Uno de los anuncios que aparecen en ella presenta una exposición subtitulada con la frase «la vida es larga y el arte es un juguete». Otro presenta a los expertos en «diseño e imagen *mass culture»* Vicente Patilla y Jorge

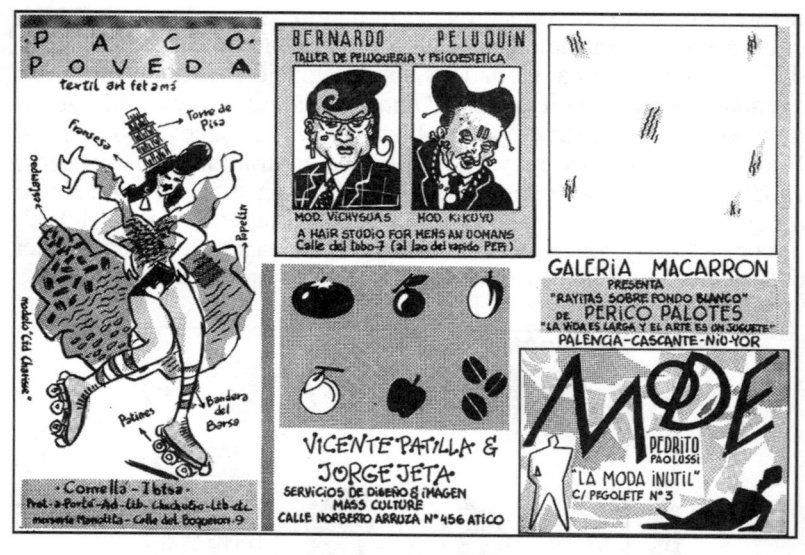

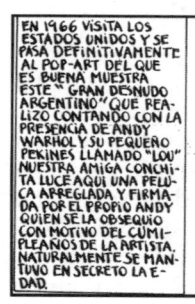

Jeta, cuyos apellidos son sinónimos de abierta falta de escrúpulos. Esta actitud también caracteriza a Conchita Merlini, que copia a cualquier vanguardia que se ponga de moda; el satisfacer la urgencia de estar al día, pasa con frecuencia por el plagio. Por otra parte, el anuncio de «Mode, Pedrito Paolussi», se presenta directamente como «la moda inútil». Esta «inutilidad» del producto, justificada por su carácter lúdico, espectacular o ambos, es una de las características más importantes del consumo actual. El paródico catálogo de diseño *moderno* (milano-catalán) «Entourage/design» *(Cairo,* 38) de Montesol permite confirmar la importancia que a mediados de los 80 había llegado a adquirir lo divertido como justificación del consumo. Más allá del valor lúdico de los muebles mostrados no queda mucho; son inútiles, incómodos y de mala calidad. La mala calidad implica la autoconciencia de ser sólo moda; no hay necesidad de materiales perdurables pues el mueble está hecho para ser eliminado con la moda siguiente.

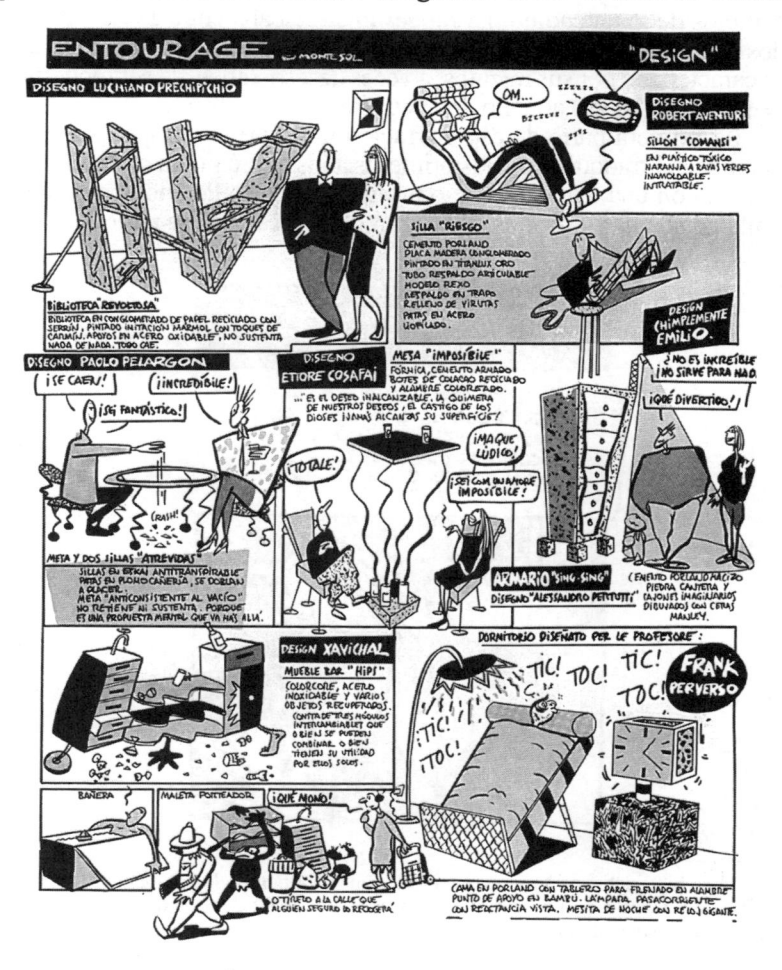

Lo lúdico como ideología prendió fuertemente en la España de los 80. Ya en 1979 el periodista y guionista de cómics, Ramón de España había hecho un llamado: «hagamos de lo efímero lo fundamental, creemos una nueva estética, una estética del juego que nos defina como seres diferentes y lúcidos» *(Star,* 45, 40). En la misma línea, Almodóvar populariza en su película *Laberinto de Pasiones* (1982) la asociación modernidad-diversión-Madrid; y Sybilla, diseñadora de ropa, asociada a la «movida madrileña», llama a su colección de 1983 «Seducción, comodidad y risa». El Bar Gambrinus (1988) de Mariscal y Arribas es un buen ejemplo de la arquitectura juguetona que floreció durante el período; sus ruinas aún son visibles no lejos del Monumento a Colón, en Barcelona.

2) La historieta de Montesol subtitulada «No me acuerdo de nada»[3] *(Cairo,* 35, 1985) presenta, a través de la historia de una joven pareja, los cambios de lo entendido por *moderno* en España entre 1975 y mediados de los años 80. Paco, el protagonista, y los personajes que lo rodean se caracterizan por sus intentos, a veces desesperados, de ser modernos, de poseer (o hacer) aquello que permite estar «al día».

La primera parte de esta narración transcurre durante los últimos tiempos del franquismo y los primeros años del régimen civil. El relato se abre con una cita del ficticio profesor Rodolfo Paranoia, quien presenta personajes y objetos de consumo acordes con ese período:

---

[3] Las historietas de Montesol reunidas en sus álbumes *Vidas ejemplares* (I y II) y *Opisso y Dora* recorren completa la década de los 80 y retratan ácidamente a sus personajes, especialmente a aquellos más angustiados por «ser modernos».

> SÍ... HEMOS SIDO UNA GENERACIÓN QUE HA SUFRIDO MUCHO. ¡LA DE COSAS QUE HEMOS TENIDO QUE SOPORTAR Y QUE SEGUIMOS SOPORTANDO!

Paranoia representa el papel del intelectual frente a la modernidad; tiene conocimientos como para saber detectar dónde está. La vida de Paco complementa sus afirmaciones con la puesta en práctica acrítica de las ideas en boga. A mediados de los años 70 lo que «se llevaba» era ser *progre;* eso era estar «al día», ser moderno. Paco acepta las ideas «progres» aunque lo hagan sufrir; es el precio por pertenecer a su tiempo. De esta manera, Paco y su mujer abren las puertas de su piso, lo convierten en una comuna, acogen a marginados, practican el sexo libre. En la historieta, esta etapa se cierra con una sucesión de catástrofes personales de los protagonistas, que representa el fracaso de la *modernidad progre*.

El segundo momento de la narración (los años 80), tal como el primero, comienza con unas frases del Profesor Paranoia, quien presenta objetos de consumo acordes con los nuevos tiempos:

Aunque el discurso del profesor Paranoia puede parecer extremadamente caricaturesco, tiene referentes concretos. Basta ver las afirmaciones de Ludolfo Paramio en su artículo «Olvidar los sesenta» *(Complot!,* 0, 1985):

> Y para los cuarentones que hemos optado por el presente, lo menos que se puede decir es que un mundo en que las dictaduras retroceden, un mundo con Talking Heads, Pretenders, Siouxie, Psychedevil Furs y Aztel Camera, un mundo de tebeos de la línea clara, es un mundo en que se puede vivir muy bien. Allá ustedes si prefieren creer en el apocalipsis.

Los artículos del profesor Paramio, reputado intelectual vinculado al PSOE, tuvieron (y tienen) gran difusión a través de la prensa española y, en este caso, pueden ser ejemplo de una forma de pensar los cambios ocurridos en los años 80. Al hablar sobre esta década, Rodolfo Paranoia y Ludolfo Paramio tienen nombres parecidos y discursos idénticos. La narración de Montesol queda confirmada así como parodia de formas específicas, reales, de pensar y comportarse. El «No me acuerdo de nada» halla su correspondencia en «Olvidar los sesenta».

Las nuevas ideas en boga (las nuevas formas de ser moderno) comienzan por lo externo (y con frecuencia terminan en ello). Los cambios respecto al período anterior son bastante evidentes en «No me acuerdo de nada»; basta observar el nuevo piso de Paquito.

En vez de la imagen de un apaleamiento que había en la pared del anterior piso, en el nuevo resalta un *Guernica* donde los personajes originales han sido reemplazados por personajes de Popeye; un *Guernica* decorativo y divertido, banalizado y vacío. Mientras en el antiguo piso de Paco los libros están en el suelo y sólo hay un mueblecito hecho de ladrillos apilados, en el nuevo salta a la vista la cantidad de objetos «de diseño». El librero, la mesa, las sillas, la barra, el carrito son diseños reales. Las banquetas del bar, por ejemplo, son de Mariscal. La pregunta de Ester (¿Y esta mesa qué es...?) muestra no sólo una presencia del diseño, sino un conocimiento de las líneas de moda en él. El tipo de dibujo que emplea Montesol en esta parte, sintético y con una línea muy limpia, es especialmente útil para representar los productos del diseño, e incluso a los personajes, que por sus vestuarios y cortes de pelo, también parecen objetos de diseño.

La *modernidad* de los primeros años 80 es placentera, libre de incómodos compromisos. La renuncia a «la totalización y a la trascendencia» es paralela a la renuncia a estar de lado de los sectores marginados de la sociedad, que Paquito intenta con resultados desastrosos en los 70. Una característica de la nueva modernidad es un fuerte individualismo: No hay por qué estar al lado de nadie; simplemente hay que estar al lado de uno mismo. Por eso se ha renunciado al contacto con el mundo exterior; se va de la casa a la oficina en el automóvil, se protege el hogar con el máximo posible de cerraduras.

Por otra parte, el vídeo reemplaza la experiencia directa ofreciendo un disfrute sin riesgos. En contraste con la «revolución o liberación sexual» de los años 70 mostradas en esta historieta, la nueva época prefiere el placer mediatizado del vídeo porno. Los nuevos signos de modernidad también son objetos: discos de moda, muebles de diseño, pintura moderna; incluso platos de *nouvelle cuisine*. El consumo es lo que define esta modernidad. En una sociedad definida por el consumismo, la publicidad se convierte en el espectáculo por excelencia. Su capacidad de incorporar cualquier imagen, su aprovechamiento de las nuevas tecnologías y su permanente cambio le dan un halo de modernidad como nunca antes había te-

¡MIRAD! ¡MIRAD ESE ANUNCIO DE SONY! ¡DEMASIADOOO!

nido. La frase final del profesor Paranoia completa este panorama:
«En los 80 estamos alcanzando un momento de gloria en cualquier sentido superior a los 60 y los 70. Los discos son mejores, los tebeos, los efectos especiales, los anuncios...»

Nuevamente el texto de Paranoia halla correspondencias en un texto de Paramio, en este caso, en el segundo editorial de la revista *Madriz* (1984):

> ... creo que podríamos pasarlo mejor en este clima de fragmentación y múltiples referencias que en el viejo y asfixiante monoteísmo cultural que reinaba, en el poder y la oposición, durante los recientes años de prehistoria. Hemos renunciado a la totalización y a la trascendencia. A cambio, podremos leer buenos tebeos y oír la música que nos guste. A ver si dura (3).

Indudablemente, los años 80 ofrecían condiciones para «pasarlo mejor» que en los 70. Lo que Paramio no deja muy claro es por qué eso tenía que implicar la renuncia a la totalización o a la trascendencia (términos, además, bastante diferentes identificados en este caso como si fueran sinónimos). De cualquier modo, esta frase es un artificio retórico, porque el viejo «monoteísmo cultural» es reemplazado alegremente por otro monoteísmo con las mismas aspiraciones de totalidad, que no sólo niega la esperanza de un cambio social, sino que se construye a partir de la certeza de esa imposibilidad. El monoteísmo del mercado es, sin duda, más seductor que el anterior monoteísmo ideológico; tiene un rostro permanentemente cambiante y por sus múltiples ofertas aparenta dar mayor libertad (cuando ésta es una libertad dentro de los márgenes del mercado).

Como he mostrado en la primera parte de este artículo, el fuerte individualismo, la espectacularidad, la diversión, el consumismo, se cuentan entre las características de la nueva «modernidad» que entra en vigencia en los años 80. A éstas se puede añadir la entrega al olvido placentero, que explica el título «No me acuerdo de nada». El olvido es una condición necesaria de la felicidad tanto para los caricaturescos «modernos» de Montesol como para el Paramio de «Olvidar los sesenta», quien, tras pasar revista al fracaso del «romántico compromiso de los 60», concluye que:

«Debemos optar, aquí y ahora, por ser el Príncipe Valiente, que envejece feliz en medio del caos de la Edad Oscura, o el abuelito Cebolleta, que martiriza al público con la añoranza de las estúpidas batallas que vivió en su estúpida juventud, batallas que, además, muy bien podrían haber sido sólo imaginarias.»

Es fácil relacionar esto con el tan manoseado *desencanto* español y su renuncia a la reflexión sobre el pasado, su ironía y relativización de la historia; ideas que, en su formulación, adeudan mucho al pen-

> – HAY QUE VER LO QUE DISFRUTAN LOS CHAVALES REMOJANDOSE A LA SALIDA DEL CAÑO GRANDE...

samiento postestructuralista francés. Tampoco resulta sorprendente en este texto la invitación (casi arenga) a abandonar una memoria (dudosa, desprestigiada y hasta estúpida, según Paramio) y dedicarse al disfrute del caos. La historia ya no es necesaria, la lucha política tampoco; el poder está en buenas manos.

3) Calma Chicha:
Quiero dar un breve y último vistazo a la modernidad de los años 80 desde la historieta «Calma chicha» de Martí *(El Víbora,* 46, 1983), que narra una cotidianidad en la periferia de la ciudad. El protagonista es un viejo inmigrante del campo, en un barrio de chabolas, que recorre con la mirada el mundo que lo rodea. A diferencia de la estilización de «No me acuerdo de nada», «Calma chicha» presenta una figuración más realista, imágenes poco placenteras detenidas en detalles especialmente reveladores de la miseria.

La familia del protagonista vive en medio de la basura, al lado de una salida del desagüe. Con esa agua, el protagonista riega su huerta; sus hijos se divierten chapoteando en sus empozamientos.

El constante flujo de coches en la autopista está vinculado al mundo de la velocidad, del consumo, de lo nuevo. Éste es visto por el protagonista como un río, al que se ve de lejos y se le arrojan piedras; un espectáculo que se contempla (como quien ve el mar, para descansar).

Más que lo antimoderno, «Calma chicha» muestra la otra cara de lo moderno. El contacto con la modernidad a través de sus desperdicios o a través de su espectáculo inaccesible (la incapacidad de participar del consumo). El protagonista está a la vez al margen de la ciudad moderna y es parte suya: es excrecencia de un mundo al que pertenece y que le es ajeno al mismo tiempo.

En la *Luna de Madrid* (núm. 16), Borja Casani enumera una serie de equivalencias característica de la «modernidad» del período: «... estar presente, existir, es decir, aparecer en los medios de comunicación» (5). Bajo estas equivalencias, «Calma chicha» presenta un mundo condenado a la inexistencia. Es lo que queda fuera de la vista para la mayoría de la población. Miseria cubierta por una gruesa capa de espectáculos mediáticos.

Con este ejemplo extremo he querido mostrar cómo la historieta no sólo es capaz de observar con humor e ironía los rituales de la «modernidad» recién adoptada, sino que también puede dar una presencia a aquello que tal modernidad deja de lado. Durante este período, autores como Martí, Nazario, Max, Gallardo, Mediavilla, Pons, Carlos Giménez, el equipo El Cubri, Ivá, Pamies, Murillo, entre muchos otros, perseveran en la exhibición de mundos a los que se les va negando la visibilidad o que, simplemente, se extinguen. Sin duda, una de las principales virtudes de esta historieta es su capacidad de hacer visible lo que oculta el triunfalista discurso oficial; su capacidad de alejarse de las celebraciones del caos y presentar imágenes alternativas de España. En la narración del pequeño suceso cotidiano, en la historia humorística, melodramática, violenta o desgarrada, en la exageración o síntesis de las imágenes, la historieta muestra, más que ningún medio, aquello que la nueva *modernidad* de los 80 proscribió: la realidad.

BIBLIOGRAFÍA

CASANI, Borja, [S/T] *La Luna de Madrid,* 16 (1985), págs. 5-6.
ESPAÑA, Ramón de, «Modernidad contra modernez», *Cairo,* 5 (1982), páginas 53-55.
GALLARDO, Miguel Ángel, *Pepito Magefesa,* Barcelona, Complot, 1984.
— *El informe «G»,* Alicante, Ediciones del Ponent, 2000.
— *Héroes modernos,* Barcelona, Glenat, 1998.
MONTESOL, Javier Ballester, *Vidas ejemplares,* Barcelona, Norma, 1985.
— *Vidas ejemplares: Las guerras domésticas,* Barcelona, Complot, 1985.
PARAMIO, Ludolfo, «Terzera» (editorial), *Madriz* 2 (1994), 3.
— «Olvidar los sesenta», *Complot!,* 0 (1985), 29.
MARTÍ, Riera, *Monstruos Modernos,* Barcelona, La Cúpula, 1988.

Zarzuela y restauración en el cine de Almodóvar

Rafael Lamas

El cine de Almodóvar se ha convertido en uno de los productos más representativos de la transición democrática, por sintetizar de manera paradigmática la convergencia entre política y espectáculo de los últimos veinte años. La película *Todo sobre mi madre* ha sido celebrada por la crítica internacional como la culminación de una trayectoria artística que responde y refleja la modernización final de la cultura española. Estas reflexiones surgen del reconocimiento de haber dejado atrás hace ya tiempo el horizonte histórico de la Transición, pero guardan la sospecha de que la tan aplaudida conclusión ha conducido más a una nueva versión de la política de estabilidad propia de la segunda mitad del siglo xix que a la esperada modernización de la conciencia social y a la revisión crítica de la historia.

Ha transcurrido poco tiempo desde la primera publicación de este texto por lo que mis opiniones no han variado significativamente. Parto de la idea de que uno de los motores fundamentales de la política de la transición fue la voluntad de mantener un concepto de identidad conservador en el marco adverso de la ineludible modernización de las formas de vida. Como veremos de manera ejemplar en el cine de Almodóvar, la continuidad de los paradigmas culturales se articuló a partir de un modelo de mediación audiovisual entre el presente y el pasado inspirado en las estrategias espectaculares explotadas por la restauración borbónica. Tanto en la Transición como en la Restauración del siglo xix, lo moderno aparece como simulacro de la modernidad, mientras los poderes tradicionales se reconvierten en actores principales del cambio político, controlando límites y midiendo consecuencias.

Trazar una genealogía del cine de Almodóvar a partir de la zarzuela castiza del siglo xix sugiere una inquietante correspondencia entre los productos con éxito de la democracia actual y los de la restauración borbónica. Antes como ahora, el modelo de modernidad celebrada no favorece los proyectos de crítica y tolerancia propios de la democracia y la modernidad ilustrada. No hay, en ningún caso, un juicio crítico de los valores establecidos ni una recuperación de la memoria cultural fruto de la diversidad histórica de la península, sino el esfuerzo por hacer compatibles los principios culturales retrógrados de la España de siempre y la modernidad urbana y tecnológica. La zarzuela castiza y el cine de Almodóvar aparecen, entonces, como respuestas paralelas a problemáticas semejantes. En ambos casos, la coartada de una sospechosa amnesia histórica se revela cómplice de una concepción reaccionaria del pasado. La modernidad abanderada por Almodóvar parte de un presente atemporal y acrítico, tal y como si —y cito al director de cine— «Franco no hubiera existido» (Besas, 1985).

Para conseguir una máxima claridad expositiva, mi lectura se centra en un sólo aspecto: la confección, tanto en la zarzuela decimonónica como en el cine de Almodóvar, de modelos de comportamiento moderno capaces, sin embargo, de integrar las normas convencionales de la identidad social conservadora. Como veremos, en ambos casos, los personajes no operan una verdadera sustitución de la conciencia tradicional por otra moderna, sino que limitan su modernidad a una serie de comportamientos anticonvencionales que terminan siendo reconducidos a la norma social tradicional.

Un ejemplo simplifica y aclara. Rememoremos la provocadora superposición de representaciones contradictorias con que Almodóvar presenta a Bom, en su primera película comercial *Pepi, Luci, Bom y otras chicas del montón*. Primero, Bom aparece en un antro semiderruido ensayando con su grupo de música *punk;* inmediatamente después reaparece en la calle disfrazada de *maja castiza*, rodeada de *chulapos madrileños* y entonando el duo más famoso de la zarzuela *La Revoltosa,* de Ruperto Chapí, «¿Por qué de mis ojos los tuyos retiras?» Previamente, Bom y su grupo habían aceptado la oferta de su amiga Pepi para dar una paliza al policía que la violó a cambio de unas plantas de marihuana. La superposición de elementos contradictorios crea situaciones inesperadas y divertidas que culminan cuando el grupo pasa directamente del escenario donde ensaya la próxima canción de moda a la calle, para golpear equivocadamente al hermano gemelo del policía violador. Además de esta yuxtaposición de secuencias, de las músicas moderna y zarzuelera, y de los disfraces *punk* y regional, hay otro nivel de confusión mucho más sutil, que es el que aquí nos interesa más. Como se sabe, el papel de Bom lo encarna Alaska, la conocida cantante *punk,* que a los pocos años del rodaje será, con su grupo los Pegamoides, una de las figuras musicales fundamentales de la Movida madrileña. La imagen, a la vez extravagante e irónica, de Bom enmascarada con mantón de Manila y vestido chiné constituye, entonces, un detalle cuyo plano referencial va más allá de los límites de la pantalla. El vestido de *chulapa castiza* termina disfrazando a Alaska, toda una realidad fundamental de la posmodernidad española. Me propongo problematizar la aparente distancia conceptual que media en la relación triangular de Alaska, Bom y el disfraz de *maja madrileña*. Es decir, me pregunto si debajo del efectismo de la confusión estética de elementos dispares existe una continuidad ideológica de los mismos. La discrepancia entre la realidad posmoderna española, representada en nuestro ejemplo por Alaska, y, por otra parte, la identidad tradicional, simbolizada por el traje de *maja castiza*, puede no ser tan grande como se nos quiere hacer creer. Como veremos más tarde, el personaje cinematográfico de Almodóvar, Bom en nuestro contexto, es el encargado de establecer la mediación necesaria entre pasado y presente. Un caso semejante aparece en *Laberinto de Pasiones,* donde las monjas almodovarianas realizan una mediación parecida entre la posmodernidad de la calle, ejemplificada por la cantante Yolanda que va a refugiarse entre ellas, y la tradición del convento y la orden religiosa. Otro caso más es el de *Tacones Lejanos,* donde el anticonvencional juez Domínguez, que es a la vez transformista y confidente policial, presenta la mediación consabida entre, por una parte, la realidad cultural posmoderna del actor (Miguel Bosé) cuya identidad y significación social el público tiene en todo momento presente, y por otra, la tradicional institución de la justicia, que es la propia profesión del personaje.

La zarzuela castiza también establecía un proceso triangular semejante entre, primero, novedad cultural del contexto histórico de finales del siglo XIX, segundo, identidad tradicional y, tercero, mediación audiovisual. El éxito sociológico de las zarzuelas de fin de siglo consistió, precisamente, en presentar a unos personajes como ejemplos capaces de responder a las tensiones generadas entre la reciente cultura urbana del nuevo Madrid, con sus proyectos para la Gran Vía y sus primeras construcciones modernas y, por otra parte, la realidad social deprimida y tradicionalista de la España popular. Francisco Nieva (1990) en su trabajo sobre el género chico, la zarzuela más característica, observa que «la España de finales del ochocientos se modernizaba [...] pero en su totalidad el país entero se reclamaba de una cultura de abruptos perfiles vernáculos. [Gracias a la zarzuela] los adelantos y la novedad [...] eran aceptados irónicamente por una sociedad que, a pesar de ser ya una sociedad urbana, permanecía sólidamente anclada en el pasado».

Mi tesis supone que tanto los personajes de las zarzuelas como los de Almodóvar se convierten en modelos ejemplares de comportamiento de la restauración y la democracia actual gracias a su capacidad de mediar entre la conciencia tradicional y el nuevo contexto histórico moderno o posmoderno. La cuestión que nos ocupa consiste, entonces, en explicar en qué sentido los personajes participan de una identidad heredada de la tradición, además de la modernidad o la posmodernidad.

Como vimos en nuestro ejemplo, Bom al disfrazarse de chula madrileña lo hacía de Mari Pepa, la protagonista de *La Revoltosa* de Chapí, que como ella y sus amigas es, aunque en otra época, también un personaje de comportamientos anticonvencionales. Así describe José Deleito (1949), un crítico tradicionalista, la modernidad de Mari Pepa en contraste con su contexto social casticista:

> un patio de vecindad en un barrio bajo madrileño. Una mujer bonita, chula; honrada, pero casquivana y coqueta; que gusta de que por ella beban los vientos todos los vecinos, viejos y jóvenes, solteros y casados, es [...] de aquella casa, la que turba la paz de los matrimonios. [...] Produce indignación y celos en el novio o seminovio formal, que la supone perdida, o a punto de perderse; y a ella, la interesada, causa sólo risa, diversión, complacencia de sentirse admirada y deseada.

En esta ocasión, y aunque no lo parezca, la chica «casquivana y coqueta» no es la moderna Pepi ni la *punk* Bom de la película *Pepi, Luci, Bom y otras chicas del montón*; tampoco resulta ser la ninfómana Sexilia de *Laberinto de pasiones*, aunque quizá con sólo algún retoque hubiera sido un perfecto comentario sobre ella. Esta vez, se trata de un personaje decimonónico que, sin embargo, comparte con los de Almodóvar un comportamiento considerado marginal en su época.

La conducta moderna de Mari Pepa, atreviéndose a salir sola a la calle, su independencia, su actitud agresiva con los hombres y la libertad que da a su deseo, la convierten en un personaje que rompe las normas sociales convencionales. Sin embargo, esos comportamientos marginales de Mari Pepa no parecen suponer un impedimento a la hora de convertirla en modelo ejemplar para la clase media de su época. Al contrario: sólo desde la marginalidad puede concebirse el centro simbólico de lo social[1]. El crítico tradicionalista de 1949, citado con anterioridad, defendía el comportamiento moderno de Mari Pepa como modelo de conducta válido para el conjunto de la sociedad porque, gracias al espectáculo de la zarzuela, su conducta subversiva es reconducida a las normas convencionales de la tradición.

Tanto las zarzuelas como las películas de Almodóvar reconducen los comportamientos modernos de sus protagonistas a la norma social tradicional establecida por la identidad heredada. Por seguir con

---

[1] Una de las mejores teorías contemporáneas que explican cómo el centro simbólico de lo social es una construcción posible sólo desde el margen aparece en Slavoj Zizek, *The Sublime Objetct of Ideology,* Londres, Nueva York, Verso, 1989.

el ejemplo de *La Revoltosa,* al final de la zarzuela Mari Pepa renuncia a su comportamiento moderno de mujer independiente y aprende que no debe actuar fuera de las convenciones. Su integración en la sociedad se produce con su definitivo compromiso matrimonial, con el que va a perder su libertad. Esta forma de reducción del margen social a la convención es común en el género chico, pero para lo que nos interesa basta señalar que la mujer de la zarzuela que actúa como un sujeto moderno en el siglo XIX es muy parecida a la mujer del cine de Almodóvar, que va por primera vez a la discoteca, fuma, se droga, se viste a lo *punk* y tiene relaciones homosexuales abiertas. Sin embargo, en este caso también, los comportamientos marginales van a construir el centro simbólico de lo social a partir de una reconciliación con la convención. En *Pepi, Luci, Bom y otras chicas del montón,* Pepi renuncia a su venganza del policía, Bom pasa de ser cantante *punk* a cantar boleros y Luci olvida su romance lésbico con ella para reconciliarse con su marido. En *Laberinto de pasiones,* Sexilia supera su ninfomanía provocada por un trauma infantil y termina casándose castamente con el príncipe Riza Niro, un ex homosexual finalmente recuperado también de un trauma adolescente[2]. Marina, la protagonista de *Átame,* una estrella porno liberal y moderna, termina *atándose* a la relación patriarcal que le propone su raptor Ricky. La historia concluye en matrimonio feliz, con hijos y felicitación familiar incluida. Finalmente, en la hasta ahora penúltima película del director, *Todo sobre mi madre,* la reconciliación entre el margen social, representado por el travesti Lola, y el centro, su ex mujer Manuela, se produce sintomáticamente en el cementerio. Con la muerte, Almodóvar desacredita el margen haciendo su presencia tolerable por transitoria. La reconciliación es posible porque desaparece el comportamiento anticonvencional, que en este caso está ligado además a la enfermedad del sida. Con la muerte de los enfermos (Lola y la hermana Rosa) y la huida a la convención de todos los demás protagonistas puede renacer la esperanza *(la Agrado* deja la prostitución, Huma acaba su romance con Nina, que se casa y tiene un hijo, Manuela regresa a Madrid y, lejos ya del pasado ambiente corrupto de Barcelona, su nuevo hijo negativiza el sida, la única herencia de su padre).

Los modelos de comportamiento moderno, sus gestos anticonvencionales, su extravagancia y su contemporaneidad cultural, son aceptados como ejemplares por el centro de la sociedad tradicional cuando han sido reconducidos a la norma social que los rearticula

---

[2] James Mandrell analiza la sexualidad convencional del cine de Almodóvar en su artículo «Sense and Sensibility, or Latent Heterosexuality and Labyrinth of Passions» en Kathleen Vernon y Barbara Morris, *Post-Franco, Postmodern,* Westport, Connecticut, Greenwood Press, 1995.

como simulacro. Entiendo este término no en el sentido de Baudrillard, sino como representación teatral, exactamente tal como lo trata el bolero «Puro Teatro» cantado por *La Lupe* al final de la película *Mujeres al borde de un ataque de nervios*. Los personajes de las películas de Almodóvar, con su final aceptación desproblematizada de la convención, evidencian que sus comportamientos modernos no eran más que una puesta en escena. No había una conciencia moderna crítica con la tradición sino sólo un gesto teatral moderno que al final es reconducido con total naturalidad a la convención. La falta de conflicto con que Almodóvar hace aceptar la norma social a sus personajes convierte en vacío al margen de donde procedían. Por eso, los personajes se vuelven ejemplares y componen el centro simbólico de la sociedad porque, aparentando ser modernos, siempre conservan una conciencia heredada de la tradición.

Las *chicas de provincias* que, en palabras de Almodóvar *(Diario* 16, verano de 1985), se hacen modernas al ver sus películas, no imitan el sadismo de Bom que es reconducido a la convención ya que Pepi, su nueva compañera de piso, no es masoquista como Luci, sino que copian su peinado *punk,* sus labios pintados de negro y su estética rebelde. Tampoco imitan la liberación sexual de Sexilia igualmente normalizada, sino su sueño de ser cantante de moda, su manera de vestirse, su forma de hablar y pasear por Madrid, y sobre todo, sus caprichos *kitsch*. Queti, la tintorera de *Laberinto de Pasiones*, representa a una de esas *chicas de provincias* a las que se refiere Almodóvar; de hecho, es la espectadora privilegiada de todos los conciertos de Sexilia. Se trata de un personaje, que a pesar de tener una conciencia completamente tradicional, aprenderá a ser una *chica moderna* gracias a imitar a su heroína. Sin embargo, la modernidad de Queti resulta ser sólo simulada. Antes de que llegue incluso a apropiarse del cuerpo de Sexilia con una operación de cirugía estética, ésta le advierte y le dice: «el amor de Riza me ha redimido». Queti, entonces, imitará sólo lo que queda de su ídolo tras su reconducción a las normas convencionales, es decir, los comportamientos tolerables por su conciencia tradicional.

La zarzuela decimonónica también generó personajes con comportamientos modernos simulados que luego eran imitados con naturalidad por la sociedad. Las chicas de entonces imitaban la gracia al hablar de las protagonistas, sus canciones, su forma castiza de presumir y pasear por la calle de Alcalá, porque siempre la novedad aparecía subordinada a la primacía final de los principios sociales tradicionales, que constituyen el centro de la identidad heredada. De Mari Pepa quedaba sólo el gesto, porque la rebeldía había sido neutralizada.

Así pues, tanto los protagonistas de las zarzuelas como los de las películas de Almodóvar carecen de una verdadera subjetividad moderna. La modernidad no es sólo una cuestión de comportamiento sino de crítica de las bases culturales de la identidad tradicional, algo que ni la restauración decimonónica ni la posmodernidad democrática han estado dispuestas a considerar. En este sentido, Paul Julian Smith (1994) ha destacado la complicidad de las películas de Almodóvar, y en particular *Pepi, Luci, Bom y otras chicas del montón,* con la política que adoptó la llamada ruptura pactada típica de la transición. Eduardo Subirats (1993), por otra parte y en un sentido mucho más amplio, ha asociado los productos culturales de los 80, de los que la obra de Almodóvar parece ser su quintaesencia, al «giro estrictamente audiovisual [de] lo que un día fue añorado como proceso social de cambio y apropiación reflexiva de la propia historia». En cualquier caso, la recreación audiovisual aparece como sustituto de una verdadera transformación política, que limita la experiencia del posfranquismo a una simulación de comportamientos modernos por parte de la inamovible subjetividad tradicional.

Creo que este proceso continúa abierto todavía hoy día y, a juzgar por el éxito internacional del mejor representante de la cultura española contemporánea, parece que asistimos a su consagración final. Se institucionaliza un presente normalizado de modernidad que culmina y finaliza el proceso de la transición a la vez que abre la posibilidad de una nueva restauración de los valores tradicionales. La normalización política y cultural a partir de la integración de España en Occidente y la pretendida amnesia frente a la propia diferencia histórica constituyen la estrategia utilizada para reconvertir el influjo de los grupos sociales y políticos conservadores en el nuevo contexto histórico globalizado donde es ineludible la modernización de las formas de vida y la desarticulación de las identidades tradicionales. En todo caso, la máscara del espectáculo modernizador permite que los principios de la política decimonónica se mantengan vivos en el contexto de la democracia posmoderna.

En este sentido, el cine de Almodóvar, tal y como hacía la zarzuela castiza en el siglo xix, presenta unos modelos de conducta modernizados capaces de compatibilizar el horizonte ideológico tradicional y la inevitable actualidad cultural, para tratar de evitar una verdadera transformación de la conciencia. Me parece, en todo caso, que los problemas de nuestra modernidad, manifestados con toda viveza en la zarzuela, no han encontrado todavía una solución, sino que vuelven a aparecer en la posmodernidad, donde el cine de Almodóvar responde de manera semejante. De hecho, la renovación de nuestras bases culturales queda todavía pendiente a la espera de un proceso histórico que promocione los productos culturales reflexivos.

Bibliografía

Besas, Peter, *Behind the Spanish Lens: Spanish Cinema under Fascism and Democracy,* Denver, Colorado, Arden Press, 1985.

Deleito y Piñuela, José, *Origen y apogeo del «género chico»,* Madrid, Revista de Occidente, 1949.

Nieva, Francisco, *Esencia y paradigma del «género chico»,* Madrid, Consejería de Cultura de la Comunidad de Madrid, 1990.

Smith, Paul Julian, *Desire Unlimited: the Cinema of Pedro Almodóvar,* Londres, Nueva York, Verso, 1994.

Subirats, Eduardo, *Después de la lluvia: sobre la ambigua modernidad española,* Madrid, Temas de Hoy, 1993.

Vertiginosa evanescencia.
Notas sobre arquitectura y ciudad en España, 1975-2000

ANTONIO FERNÁNDEZ ALBA

Durante las dos últimas décadas del siglo XX, aparecen una serie de acontecimientos en el panorama de la arquitectura y la ciudad que se construye en España, motivados por el cambio político que instaura la democracia, que bien podíamos encuadrarlos bajo el epígrafe: *Proyectos y construcciones en el liberalismo de la percepción*. La ingeniería social del siglo XX ha logrado institucionalizar primero y consagrar después una síntesis mal avenida entre el opaco y mediocre poder burocrático y la seducción sin límites del capital y sus familias de mercaderías, un reino de discretas oscuridades que tratan de equilibrar el desasosiego producido por la sociedad industrial. Desnaturalizada la vieja razón, los postulados del yo, tal como anunciaban las vanguardias, parecen incapaces de construir un lenguaje duradero. Si a ello añadimos que el progreso ha sido colonizado por tanto fetichismo insolidario, se hace evidente que la «esperanza de salvación», por el momento, no puede llegar a través de la utopía o el ensueño de los primeros años del siglo. La libertad que busca para el diseño del espacio este *proyecto secundario* de los finales del siglo XX sólo parece tener su apoyo en la fragilidad de las imágenes de aquello que percibimos. Estos campos de labilidad perceptiva nos permiten sin el menor pudor imaginar y proyectar sus formas sin comprender los rasgos de su edificación.

El abandono del radicalismo religioso, herencia de tantos siglos de represión, unido al optimismo del acontecer democrático, crearon hacia 1975 un ambiente emotivo, justificado desde la sinrazón que habían significado las «décadas de niebla» que tuvieron lugar hacia la mitad del siglo en España. Por lo que se refiere al proyecto de la arquitectura y la construcción de la ciudad, esta sinrazón se debatía en un precipitado abandono de los principios de modernidad que esgrimía el Movimiento Moderno en Arquitectura (MMA), sin apenas haber experimentado sus consecuencias más elementales en la construcción de la ciudad, y en una recuperación aleatoria en los 70 del proyecto de la arquitectura como obra de arte autónoma sobre la que se iniciaban los postulados ideológicos de los finales de siglo. La arquitectura realizada en España durante el período 1975-2000, tanto en lo que se refiere a muchos de sus proyectos como de obras construidas, muestra con elocuencia lo que podríamos denominar la primacía de la racionalidad productiva tardomoderna en que se debate la actual sociedad española, inscrita, como no podía ser menos, en las leyes de un mercado neoliberal. Esta circunstancia obliga al arquitecto a realizar unos trabajos que, o bien militan entre la adhesión a las formas que define el «mercado de imágenes» de los *media* tecnológicos o acepta la entrega sin la menor actitud crítica a los estereotipos arquitectónicos que estipulan los monopolios de la industria de la construcción. La producción del espacio urbano está ligada a un pragmatismo mercantil autosuficiente en sus imágenes arquitectónicas, de manera que el profesional de la arquitectura en España, como en otros países, ha tenido que abandonar su escaso poder crítico desde las propuestas del proyecto y someterse a los efectos de las conquistas simbólicas de la cultura como maquillaje medial, y tener que entender la ciudad como un bazar de objetos arquitectónicos en permanente competencia estilística, la arquitectura entendida como un objeto de síntesis iconográfica para regular el entorno.

Este precipitado ecléctico traía como consecuencia la liquidación de los postulados éticos y formales de las vanguardias y restituía al arquitecto como auténtico demiurgo del espacio, se establecían los fundamentos para el desarrollo de una estética próxima al subjetivismo idealista y distante de la moral de la ciencia. La forma del edificio, desde esta óptica, se constituye como una secuencia de formas intercambiables con la única condición que garantice la *imagen de modernidad-postmodernidad*. El proyecto de los arquitectos, sin mayor reflexión crítica y solidarios como lo son con el colonialismo simbólico de los tiempos, reproducen durante estos años la confusión que plantea la realidad de los contenidos del espacio y las imágenes de su simulación. Demanda simuladora sin duda, requerida y amparada por el discurso político que adoptará como norma, norma estéril si se quiere, el nuevo Estado Democrático para formalizar las arquitecturas institucionales en el contexto de la ciudad.

Arquitectura y evolución de la ciudad moderna

No creo que existan muchas dudas acerca de la decepción generalizada entre el proyecto imaginado por la arquitectura en la ciudad moderna y su realidad construida. El fracaso de la arquitectura moderna en la ciudad como operador espacial del nuevo ambiente industrial resulta evidente, como en gran parte lo ha sido la asimilación mercantilista del proyecto artístico de las vanguardias. El viejo canon donde se refugiaban resueltos a salir triunfantes los postulados de principios de siglo ha sido difuminado por las burocracias, las tecnocracias y las bolsas que con evidente poder se han encargado de diluir las ilusiones, al parecer desmesuradas, que manifestaban los artistas y arquitectos del período heroico, como pone de manifiesto la crítica más objetiva. Su acción renovadora, sus postulados creadores, su espacialidad urbana se han transformado en ejercicios más o menos brillantes bajo los esquemas de una economía de mercado, de unas estructuras de la racionalidad tecnocrática, o se encuentran dispersas y esclerotizadas en las diversas formas de poder burocrático.

La ideología moderna en general, y en el caso de la arquitectura de un modo muy peculiar, partía de tres asertos difíciles de mantener en nuestros días: ruptura con la historia, partiendo de algunos supuestos de la concepción racionalista de la historia; el triunfo absoluto de la razón en el tiempo y espacio de la ciudad y la fe en el progreso acumulativo y lineal del saber científico-técnico. La ciudad española, aún alejada de la evolución llevada a cabo por la revolución industrial, no podía sustraerse a estos valores y categorías que han caracterizado una parte importante del siglo XX. Los efectos de esta «modernidad» degradada quedan elocuentes en sus centros históricos y en los tejidos urbanos de los ensanches de las grandes metrópolis como Barcelona, Madrid, Valencia, Bilbao, o la ciudad media española. La transformación, más ambiental que espacial, llevada a cabo en el desarrollo de la ciudad en los primeros años de siglo (1900-1936), estuvo marcada por una actitud antagónica a las corrientes arquitectónicas de la vanguardia, de manera muy significativa y explícita, esto se puede comprobar revisando el papel de los racionalismos periféricos, Galicia, Asturias, Castilla-León, Andalucía... así como el entorno profesional de las figuras más significativas del eclecticismo de esta época, con acento especial en los arquitectos madrileños desde A. Palacios, S. Zuazo a L. Gutiérrez Soto, sólo los trabajos del GATEPAC, (Grupo de Arquitectos y Técnicos Españoles para el Progreso de la Arquitectura Contemporánea), movimiento racionalista que, como es sabido, protagonizó de modo brillante en Barcelona y menor grado en Madrid los episodios arquitectónicos más significativos de la difusión y asimilación de los principios del MMA, en los que el grupo del GATEPAC centra su análisis historiográfico y documental. Este período 1900-1936 revela las preocupaciones éticas y de crítica política que encierra el grupo catalán del GATEPAC en su revista *AC*, que junto a la ideología urbanizadora plasmada en la cuadrícula achaflanada del Plan Cerdá y la figura de Antonio Gaudí, arquitecto de dotes singulares para la concepción espacial, configuran desde Cataluña el panorama ideológico más destacado de incorporación a la modernidad en la arquitectura española de la mitad de siglo. Para estos reducidos grupos de arquitectos españoles que abordaban la modernidad como una forma de vida —planteaban la ruptura con las formas históricas, incorporar la planificación racional a los reducidos ensanches urbanos y difundir la idea de progreso— todos estos valores estaban ligados a los principios de la libertad individual y encontrar el consenso de paz social. Esta actitud quedaba reflejada en las diferentes manifestaciones programáticas de estos grupos, sobre todo el sector catalán del GATEPAC, sus proyectos y obras fieles al dogma racionalista unificaban técnicas, medios y formas en el incipiente proceso tecnológico. Una respuesta arquitectónica que se traducía en un buen hacer constructivo pero que ya anunciaba que, en el limitado tiempo que tuvo el desarrollo de la modernidad en España, las consecuencias para la ciudad tendrían posteriormente el abandono de la historia y la enfatización iconográfica de ciertos apartados funcionales.

Estos episodios arquitectónicos y urbanísticos tendrían una modesta réplica en el acontecer arquitectónico madrileño con los regionalismos populistas que ilustran la periferia de este país, junto a las enfáticas sedes bancarias de Antonio Palacios en la Gran Vía de la capital, en la tímida aventura racionalista interrumpida y fracturada por la Guerra Civil, en el campus de la Complutense Ciudad Universitaria o en aquella intuición utópico-pragmática a la linealidad urbana de Arturo Soria en la periferia de los ensanches. En suma, un discurrir éste de los primeros años 30 paralelo al curso artístico del siglo XIX, cuyos esfuerzos se centraban en cómo poder conjuntar la tensión dialéctica en los modos de construir los edificios con los estilos históricos revisados, y las maneras de importar y reproducir las nuevas formas que surgían ahora en el seno de vanguardias plásticas europeas. Un período de gran calidad constructiva en los edificios en general y en los más próximos a los ideales del MMA de lo que ha veces se ha reseñado por la crítica histórica. El mimetismo formalista hacia épocas de gran apogeo político, como la que surge en la posguerra civil (1940-50), dio origen a un vocabulario arquitectónico carente no sólo de un simbolismo expresionista, sino de un contenido ideológico. La arquitectura que tenía que albergar los edificios gubernamentales, instituciones, centros de formación profesional, etcétera, aparecía como réplica de las arquitecturas del fascio italiano en su fase de esplendor romano; Exposición Universal de Roma (EUR), el templo de Salomón o los trabajos del Tercer Reich en la figura del arquitecto Albert Speer, todas estas réplicas servían de modelo para programar las necesidades de los nuevos centros. El cuadro profesional encargado de llevar a cabo esta tarea prohijó ese «mimetismo formalista e ideológico» que caracterizó la mayor parte de la arquitectura española en la década de los 40. El despertar arquitectónico de los 50 se abriría de manera muy tímida y minoritaria a las diferentes corrientes centroeuropeas, protorracionalismo, neorracionalismo, empirismo, organicismo y diferentes tendencias que pueblan la reconstrucción y el desarrollo industrial de Europa durante estos años.

IDEOLOGÍA LÚDICO-ESTÉTICA Y AMBIGÜEDAD PLANIFICADORA

Cuando la transición llegó a España, la izquierda democrática europea ya había adoptado como *modelo* para la arquitectura de la ciudad, la «imagen simulada». De su construcción se sabía que el proyecto del arquitecto en los finales de siglo XX limita con el cinismo cultural de su tiempo y sobre todo con su precio. La arquitectura, se quiera o no, es cultura administrada y refleja los rasgos del poder aunque éste no se imponga. Uno se pierde en la clasificación de arquitectos y edificios que han ido apareciendo desde los dubitativos años 70. Monumentos a la irracionalidad intransigente de unos espacios de abandono ideológico, abulia desesperada por las formas análogas y simetrías ambiguas destinadas a los espacios de los príncipes mercantiles. Entre tantos acontecimientos esotéricos, también se edificaron algunos lugares apacibles. Lo que más fructificó durante las dos últimas décadas del siglo pasado fue el crecimiento de las *estéticas ensimismadas,* a veces en un entorno moral de lamentable impudicia. Suele ocurrir, ya lo señalaba A. Camus, cuando una sociedad ofrece el prestigio al «listo» y no a la inteligencia.

En una situación culturalmente poco madura como la que afloraba durante las primeras elecciones democráticas, algunos de los profesionales más comprometidos habían estado requeridos por el ejercicio de la lucha política para desmembrar el antiguo régimen. Pronto los grupos políticos que acceden a la arena pública aceptan de buen grado que la expresión arquitectónica de un edificio conlleva una «dimensión de prestigio», que sirve para avalar determinados acontecimientos políticos del ejercicio democrático. Los proyectos en general, con las excepciones que se producen en los períodos de transición, se intercambian como si se tratara de una serie de fórmulas geométricas, incomprensibles en muchas ocasiones para las exigencias de los programas y usos a que se destinan sus espacios. Edificios construidos con tecnologías importadas junto a unos desfases presupuestarios en las obras, que han hecho inviables algunas de las necesarias infraestructuras edificatorias en el proceso de evolución de la ciudad y de la consolidación de áreas urbanas deprimidas dentro de la planificación de las administraciones autonómicas. Su expresión y formalización arquitectónica acoge en sus trazas una serie de rasgos y suplementos formales referentes a la «modernidad», mezclados con los reductos eclécticos que aún destila el siglo, (racionalismos, propuestas vernaculares, regionalismos...). La ausencia por otra parte de una formación profesional cualificada por lo que se refiere a la administración de la gestión pública durante el período democrático, ha hecho posible una política indiscriminada de encargos de proyectos, sin apenas control de presupuestos, determinación de programas y costes financieros de mantenimiento. Estos proyectos requeridos a equipos de profesionales con escasa experiencia o a estrellas fugaces de la moda arquitectónica han tenido que asumir el papel de *representar* de manera rápida la imagen de una arquitectura que fuera elocuente de la transición democrática, unas arquitecturas para una sociedad cuyo correlato filosófico es el de la representación. Todo ello unido a la gestión y control que llevan implícitos los nuevos poderes económicos de las grandes empresas y, consecuentemente, la pobreza estética de una sociedad de mercado.

Por eso resulta evidente como más significativo en las imágenes de las arquitecturas de la transición democrática en la ciudad española, el carácter festivo que adorna estos edificios y sus nuevos espacios urbanos. Se proyecta y diseña la arquitectura de la ciudad, como si se tratara de una espacialidad programada para la conmemoración efímera o levantar la escena de un conjunto de objetos lábiles de fácil disolución iconográfica. Construir espacios para los ritos democráticos viene a representar un ideal para la «libertad creadora» del arquitecto o el diseñador, auditorios, salas de cultura, bibliotecas, desde el palacio de congresos al aeropuerto, del modesto centro de barrio al pequeño paseo urbano, todo debe adquirir el valor de un testimonio monumental.

Así podemos entender que este monumentalismo pueda discurrir por unos planos peligrosos, mostrar el «inmaterialismo informacional» junto a la valoración del acto creativo del artista-arquitecto en el viejo sentido académico del término, binomio que se traduce en una arquitectura de un marcado «anticonstructivismo», de materiales fungibles, ligado a la necesidad de unos decorados de altos presupuestos para el triunfalismo decorativo de una tecnología objetualista, construcciones que se aferran a las imágenes sustituibles y agnósticas que eluden la materialidad auténtica de la arquitectura. La componente técnica (funcional-racional) de principios de siglo que ligaba la construcción del espacio a su mediación material ha sido suplantada por el desequilibrio que marca el protagonismo de la valencia seudoestilística, enmarcada en su propia sordidez semántica. «La esencia ornamental de la cultura de la sociedad de masas, lo efímero de sus productos, el eclecticismo que la domina, la imposibilidad de poder reconocer una cierta esencialidad corresponden francamente al ser de lo estético en la modernidad tardía» (Gianni Vattimo).

Este eclecticismo se hace aún más elocuente en los trabajos y proyectos para la ciudad española de los diseñadores de elite, atrapados en la búsqueda de recopilar la copia del estereotipo, alrededor de los espacios y elementos constantes de la arquitectura; la calle, plaza, el monumento, columna, arquitrabe, cubierta...; llegando en ocasiones a una auténtica fascinación por las tipologías de establos y colonias penitenciarias, como propuestas innovadoras para los nuevos recintos democráticos, legados tardíos de las propuestas neorracionalistas italianas, quizá porque su significado resida, recogiendo el sentir de A. Loos, precisamente en evocar imágenes de muerte para honrar la vida.

Nuevas jerarquías en la determinación del proyecto

El renacimiento mercantil de una economía de aluvión durante la década de los 80 y la estabilidad inicial de la Unión Europea han permitido compartir al poder político y financiero, un período de «rapiña estetizante» de manera que los que rigen la cosa pública, grupos políticos, financieros y gestores de las grandes corporaciones junto con el desarrollo de una secuencia de cambios generacionales, más propicios al consumo, reclaman el ejercicio de la «libertad creadora» de artistas, diseñadores, publicistas o «arquitectos reconocidos», para formalizar los espacios del nuevo estatus simbólico del poder democrático. La ciudad española no es una excepción en el desarrollo general de las nuevas metrópolis, alberga hoy ejemplos surgidos de esta ambivalencia de poderes, difíciles de justificar en múltiples ocasiones desde unas pautas racionales de lo que debería ser una política de restitución, por ejemplo, del Patrimonio Histórico. El castillo medieval se ha transformado en aparente museo, el palacio renacentista, el viejo hospital o los monumentos abandonados, en centros culturales destinados a las más pintorescas actividades, teniendo que improvisar costosas prótesis tecnológicas para señalar su grado de posmodernidad.

Si los postulados formales de la arquitectura del régimen anterior (1939-1975) se asentaron sobre los principios ideológicos de la *contrarreforma* frente a la modernidad racionalista que postulaba el MMA, la reforma iniciada durante el período democrático iba a asumir los principios estilísticos del *neobarroco posmoderno*. Las arquitecturas de las décadas finales del siglo XX se caracterizan por reproducir una espacialidad proyectada con el mínimo de racionalidad constructiva, pero dispuestas en la ciudad con la pretensión de alcanzar a través de la imagen el máximo de emociones.

Su objetivo primordial radica en eludir, cuando no anular, la conciencia crítica sobre el proyecto, edificio o entorno construido y mitificar al arquitecto-diseñador como personaje exclusivo, como gerente semántico del signo, como marca registrada consagrada previamente por las sectas del poder editorial. En este proceso, quien habita los espacios de la arquitectura ha sido expulsado en aras de una espacialidad recurrente, plagada de fragmentos acumulativos, de formas-emblema, de mímesis reductoras, que obligan y someten a contemplar y vivir la espacialidad interior-exterior con una percepción de lo separado (sineidesis); una arquitectura distorsionada, compuesta y construida desde los territorios de una información velada, abstracta, que neutraliza los fundamentos del proyecto en relación con la realidad artística, que subyace en la cultura positiva de la civilización tecnocientífica.

Los efectos modificadores del proyecto, surgidos de la internacionalización de la información, los trabajos del arquitecto pertenecen al mercado del objeto gráfico y han transferido nuevas jerarquías en la determinación del proyecto, muy alejadas del auténtico ejercicio poético del construir arquitectónico: un lenguaje de apariencia alejado de la planificación y de la propia construcción; transformándose el edificio en un reclamo publicitario. El significado de un edificio hoy se traduce en una concatenación de manipulaciones, acontecimientos colaterales, una secuencia interesada en narrar la «historia de los efectos». Así podemos contemplar cómo una tecnología objetualista comparte los «campos de Marzo» junto al efecto fascinador de los inmateriales.

Resulta interesante observar cómo las grandes inversiones realizadas en España durante el período democrático, aquellas destinadas a infraestructuras de nuevas tecnologías, redes de tráfico, nuevos sistemas de enlace metropolitanos ofrecen unos logros y resultados más positivos que aquellos otros acontecimientos donde la imagen arquitectónica ha sido protagonista (Olimpiada del 92 en Barcelona, Exposición Universal de Sevilla) para la ciudad.

El cansancio formal, la estafa provocadora en que se dibuja la espacialidad metropolitana, los episodios colaterales alrededor de lo arquitectónico, configuran una cobertura neutral del pensamiento crítico de la arquitectura, pero esto ya no es prioritario del acontecer arquitectónico español, neutralidad psicótica, en la que el «último arquitecto» trata de encontrar cobijo y gratificación para sus, a mi juicio, irreflexivas prospecciones en el territorio del proyecto. Ch. Jencks, no sin cierto cinismo, parece aceptar esta neutralidad en la que se debate el espacio tardomoderno, posmoderno o gráfico-publicitario como un dato decoroso: «El espacio tardomoderno, para algunos arquitectos, es la expresión de un quietismo decoroso de una neutralidad y agnosticismo honesto respecto a una sociedad incapaz de precisar qué debe valorarse.»

Frente a esta indecorosa pasividad en que tiene su naturaleza la cultura mediática-mercantil de hoy día, se hace necesario abrir un debate crítico, positivo y creador entre el ser y el devenir del pensamiento arquitectónico, desde la crisis de los ideales clásicos a las propuestas iniciadas hace más de dos siglos sobre los problemas de la arquitectura más allá de su «voluntad de estilo», en las sociedades sobresaturadas de nuestro tiempo. La idea de lo *nuevo* como valor en los espacios de la época tecnocientífica. Las indagaciones entre la forma de la arquitectura para la ciudad y la función de los objetos arquitectónicos en la misma. La recuperación, en definitiva, de la arquitectura como fragmento de utopía del hábitat humano.

El funcionalismo, como hoy podemos contemplar con evidencia, se transformó en rudo productivismo, el *estilo internacional* en mediocres e insoportables alfabetos regionales, el espacio imaginado en los albores del siglo en producto económico, tecnificado e indeterminado, el último eclecticismo ideológico neoliberal que controla el determinismo mercantil coloniza el espacio mediante la indeterminación formal de sus territorios y la desarticulación espacial de sus arquitecturas, la incertidumbre se nos presenta como atractiva respuesta a la nueva condición metropolitana.

Al viejo proyecto de hiperarquitecturar la ciudad soñada en los principios del siglo XX le resulta difícil encontrar respuestas a la segmentación y variedad que suscita la metrópoli, por eso el arquitecto se entretiene en miniaturizar el espacio.

Compartimos unos tiempos y habitamos unos lugares en la ciudad posturbana muy alejados de los dictados emancipadores de la vanguardia, unos espacios donde el trabajo que realizamos ya no es constitutivo de la subjetividad que diseña filigranas con retos pretenciosos, donde los desequilibrios son la regla y el equilibrio la excepción, donde las acciones de la ética no pueden manifestarse sino es ante la presencia de la violencia, mientras la técnica no cesa de crecer y diferenciarse en tramos y redes que invaden los espacios metropolitanos y cada día con mayor intensidad nublan lo local y lo mundial del espacio vital en que se manifiesta la condición posturbana. El tardío clasicismo envuelto en tantos ropajes sincopados trasladado a grandes formatos posmodernos comienza a desvanecerse.

Una gran parte de los espacios que se construyen en la actualidad recoge las características del proceso destrucción-construcción que ofrece el modelo de metropolización internacional, posmodernidad globalizada. Este modelo tal como se formula es un precursor de la anarquía, época «sin síntesis» que ya anunciaba Robert Musil, que no permite construir una ciudad racional sino racionalizada, resulta difícil su administración, en su lugar se burocratiza, no acomete la relación social, se robotiza, no puede reproducir trama urbana, sino desequilibrio ecológico. Por tanto, la posciudad actual presenta una cadencia semejante en todos los países y lugares donde se asientan los preludios de la civilización tecnomercantil, monotonía espacial, degradación progresiva de servicios públicos, esterilidad cultural y en definitiva, agotamiento político del proyecto de la arquitectura para con la ciudad.

Problemas suscitados por una civilización que requiere de una espacialidad superadora de tantas prótesis visuales y simbólicas de entender la ciudad junto a la nueva condición metropolitana no como meros ejercicios semánticos, se hace evidente que cada vez más tenemos necesidad de *proyectos integradores* que nos permitan en medio de tanta espacialización hacer posible expresar la arcaica cualidad poética del espacio no sólo respecto de lo que se ve, sino de lo que se piensa. Necesitamos maestros de la construcción de una otra ética de la producción arquitectónica en los territorios de la globalidad y la diferencia, no de sistemas y aforismos de la forma.

Transición y espectáculo

Eduardo Subirats

Una breve introducción histórica

La transición democrática española fue una maravillosa fiesta. Por todas partes se hizo sentir el disfrute popular de las nuevas libertades constitucionalizadas. Hubo grandes explosiones de calor y color. Los valores democráticos fueron elevados a motivo de multitudinaria exaltación. La nación entera se transformó en escenario de la alegría. La transición política y los cambios sociales que la jalonaron afrontaban, sin embargo, a finales de la década de los 70, algunos dilemas complejos. Tenían que superar un atraso secular, tan amargamente grabado en la dilatada conciencia de la decadencia de España. Debía poner fin asimismo a un aislamiento hondamente arraigado en los valores intelectuales y artísticos, así como en las formas de vivir españoles. Y debía emprender una racionalización económica y administrativa, una transformación de la cultura, y no en último lugar, una reforma de la educación, que el reformismo intelectual español había reivindicado, sin' gran éxito, desde el liberalismo y el regeneracionismo del siglo xix hasta las frustradas reformas republicanas del siglo xx. No sólo la reciente historia de una brutal represión a lo largo de las décadas de la dictadura militar hacía de estos interrogantes urgentes problemas. La debilidad o el exilio que distinguen a las tradiciones intelectuales reformadoras a lo largo de la España moderna, la ambivalencia entre tradicionalismo y modernización que ha atravesado el pensamiento español del siglo xx, la misma precariedad de una reforma del pensamiento en el siglo de *les lumières,* todo ello señalaba las difíciles condiciones que el pasado español legaba para los virtuales cambios futuros de una tardía y, en muchos aspectos, ambigua modernización.

Aquellos años de la Transición pueden periodizarse a grandes trazos. Su punto de partida era, y no podía ser otro, la fiesta popular, el baño de alegría que señala el hito histórico del posfranquismo. Probablemente todos los procesos políticos de transición que han sucedido a dictaduras de inspiración fascista o nacionalcatólica, en Latinoamérica y en la Península Ibérica, se han abierto paso a través de esta clase de períodos iniciales expansivos, muchas veces coronados por verdaderas orgías de entusiasmo colectivo e imaginación social. Estos flujos abiertos y expansivos no son, ciertamente, eternos. Más tarde o más temprano les sucede un instante de fluctuación e incertidumbre, una caída en la continuidad y el encogimiento, y un subsiguiente período de retracción. En nombre de la estabilidad o la paz social se conciertan alianzas políticas y morales con las instituciones, los valores y las representaciones más sombrías del pasado. Se absuelven sus crímenes. Se encubren sus mitos y sus mentiras. Se silencia su violencia. Se limpian las huellas del dolor pretérito con las esperanzas de un indefinido futuro. Las viejas estrategias de escarnio de las masas son recicladas bajo tecnologías y retóricas nuevas. Y se anuncia la era que ha de venir como el espectáculo maravilloso de un futuro emancipado del pasado: el carnaval de una renovada redención de los signos.

En España, tras la euforia nacional llegó, bastante predeciblemente, un período de desilusión honda. El desencanto coincidió políticamente con el desconcierto político del primer gobierno democrático. La expresión drástica y sonora de estas incertidumbres políticas e intelectuales, y de las ambigüedades transicionales, fue un fallido golpe de Estado en 1981. Fueron aquellos los años del llamado «pasotismo», una verdadera corriente cultural popular que abrazaba ampliamente una moral de la apatía, y una suerte de fatalismo histórico y social.

El sustantivo «pasota», y sus diversas variaciones verbales y adjetivas estuvieron por aquellos años en boca de todo el mundo, particularmente, en los más jóvenes. Había intelectuales «pasotas», y muchachos y muchachas que «pasaban» de todo. «Yo paso, tío» se convirtió en un verdadero rito de cortesía castiza a lo ancho del país. Aquella descolorida expresión encerraba asimismo, en su fondo, el culto social a un pesimismo abúlico, de larga tradición en las mentalidades católicas de la nación. Y no sólo el pasotismo era un signo de la cultura popular. Dos ensayos de esta época dieron también expresión a este estado de ataraxia pública y privada: *Nihilismo y acción* y *Un ensayo sobre Ciorán*. Su joven autor, Fernando Savater, trazaba en ellos un altivo distanciamiento respecto a una tradición crítica, que, sin embargo, en la cultura reciente española tan sólo se había dado a sí misma la forma de un torpe integrismo marxista-leninista, profundamente anclado, por lo demás, en las tradiciones dogmáticas de la escolástica española. En nombre de un pesimismo metafísico, de inconfesadas reminiscencias unamunianas, Savater abandonaba furtivamente cualquier modelo consistentemente de crítica social y epistemológica, y se abrazaba a cambio a un individualismo al mismo tiempo tradicionalista y anárquico, más estrechamente emparentado con el idealismo quijotista de finales del xix español de lo que él mismo imaginaba. Bajo la constelación espiritual de la alegría bullanguera y la teología nihilista del pasotismo se abrió la segunda etapa transicional española: la espectacular década de los 80. Políticamente, el amanecer de esta era fue turbulento. La creciente apatía social se coronó con los gestos precarios de una democracia titubeante. Por todas partes se levantaba la crítica contra una callada pero firme continuidad institucional autoritaria que vinculaba subrepticiamente tanto a la derecha democrática, directamente descendiente de las filas y los idearios de la Falange Española, el partido fascista en que se había apoyado la sublevación militar del general Franco en 1936, como a una izquierda adaptada al conservadurismo neoliberal y bien dispuesta a prolongar los rituales políticos heredados del pasado.

Bajo esta constelación marcada por la incertidumbre y una cierta desolación aparecieron una serie de ensayos, si no interesantes, al menos sintomáticos, que muestran, más que una preocupación teórica por los avatares políticos y sociales, el anhelo intelectual de un poder carismático y fuerte. El más importante de todos ellos se debe, una vez más, a Savater: *La tarea del héroe*. Otro libro le seguía de cerca: *Meditaciones sobre el poder* de Eugenio Trías. Rafael Argullol estilizó la concepción romántica del héroe en su obra *El héroe y el único*, y Xavier Rubert de Ventós expuso, por los mismos años, una teoría impresionista del poder político en sus *Ensayos sobre el desorden*.

Es notorio que ninguna de estas obras planteara una problemática sociológica propiamente dicha. Tampoco exponían algo así como una crítica del pasado, ni siquiera sugerían una revisión de la conciencia histórica española. No se planteaba a lo largo de estos irregulares ensayos un proyecto de renovación política o intelectual. Lo que en realidad se construía en estos textos, celebrados en su día con muchos premios y sonoros aplausos, era un nuevo sujeto político, sustancial y carismático, con elementos prestados del idealismo europeo del siglo xix, de Fichte a Stirner, salpicados por algunos motivos románticos, y sólidamente afincados en una versión cristianizada del superhombre de Nietzsche. Se diría que tras la etapa transicional de una originaria alegría popular, y acabado el descenso a los infiernos del desencanto de los primeros años de democracia real, resurgía la promesa de una renaciente gloria política.

La rotunda victoria electoral de las izquierdas españolas en 1982 abrió este segundo período: la etapa heroica de la transición política, la edad de la nueva felicidad mediática de una España rotundamente posmoderna. Pero el triunfo del socialismo español, estruendoso y fascinante bajo todos los puntos de vista, estaba atravesado, al mismo tiempo, por algunas paradojas. La izquierda accedía al poder estatal, largo tiempo anhelado desde los días del Frente Popular de los años 30, cuando ya su energía teórica y su proyecto social estaban internacionalmente agotados. Con su triunfo político, la sociedad española se prometía un vasto programa de modernización y democratización reales, un cambio que abarcaba desde el funcionamiento del Estado hasta las formas de la vida cotidiana. Nada de todo ello contaba, sin embargo, con otra articulación intelectual que los restos del naufragio de un dogmático izquierdismo marxista-leninista, un vago o más bien precario liberalismo, y un vanguardismo estético de rasgos volátiles. La era de la reforma institucional y cultural española amanecía, tras la noche oscura del nacionalcatolicismo, sin una voluntad limpia de criticar el pasado autoritario español, y sin un claro concepto de sí misma.

Muy pronto, tras un breve intervalo postelectoral de vítores y entusiasmos, aquel mismo tono progresivamente pesimista respecto a las posibilidades de la democracia española que se prolongó en demasía hasta 1982, se retomó de nuevo, esta vez contra las propias estrategias políticas de la izquierda ya en el poder. Las críticas se cernían contra la prepotencia carismática y autoritaria de la nueva administración, y contra cuestiones específicas de la nueva política, particularmente el creciente desempleo y la gradual clausura de las prometidas reformas institucionales. Progresivamente, el malestar social se volvía contra las elites socialistas que desde las sublimes alturas orteguianas de mesiánicas minorías dirigentes, cayeron fatalmente en los oscuros escándalos del abuso de poder y la corrupción. De pronto se reveló la ausencia y el vacío de un auténtico programa de transformación intelectual, institucional y social de los viejos legados de la España arcaica, autoritaria y atrasada.

NEOVANGUARDIA Y LAS ESTRATEGIAS DE LA CULTURA COMO ESPECTÁCULO

Bajo este clima caracterizado por la desilusión y el pesimismo de lo que muchos analistas llamaban el «incumplimiento de las principales promesas electorales y nacimiento de incipientes conflictos sociales», tuvo lugar un prodigioso e inesperado despertar cultural. El 15 de marzo de 1981, y como respuesta a un fracasado golpe de Estado que tenía mucho de disparate goyesco y no poco de esperpento de Valle-Inclán, el que llegaría a ser uno de los nombres mediáticamente más visibles de la nueva narrativa española, Javier Marías, publicó un interesante artículo en el diario *El País* de Madrid. ¡La amenaza de golpe no debía interrumpir la alegría! —venía a decir el novelista. «Mientras no lo haya (un nuevo golpe de Estado)... mientras aún dure esta fiesta —carnavalada, claro está, como todas las fiestas—, ¿por qué desaprovecharla? ¿por qué no pensar con alegría... que el baile sigue?»

Una nueva actitud intelectual y estética había emergido en el amanecer de una frágil transición democrática. Atrás quedaban los signos de responsabilidad social, de conciencia histórica, de una preocupación intelectual por el proyecto de la futura sociedad española. La nueva postura intelectual institucionalmente sancionada y mediáticamente difundida daba por obsoletos o por cumplidos la reflexión crítica y la voluntad reformadora. En su lugar se erigía una pose estrictamente mediática en consonancia con el posmodernismo transnacional, sumariamente elevado a antídoto del mesianismo autoritario izquierdista y de la estética de salvación modernizadora: España tenía que ser una gran fiesta. El signo distintivo de la nueva política era un hedonismo *sui generis,* plenamente identificado con los valores narcisistas del consumo de masas, y adornado con la gesticulación neovanguardista de una falsa aristocracia intelectual. Su principio fue la banalidad de lo nuevo, a la que la intelegencia rindió culto a través de sus más dispares expresiones, desde la arquitectura *postmodern* a la *nouvelle cuisine,* y de la *nouvelle philosophie* a los reciclajes de las más banales neovanguardias del *Soho* de New York. Había despertado la *Movida*.

La modernidad española, cuyo proyecto de una reforma liberal de la cultura y de las instituciones sociales había embarrancado, a lo largo del siglo XIX y buena parte del XX, bajo el peso de persistentes gobiernos autoritarios, y un incuestionado e incuestionable tradicionalismo intelectual, se redefinía ahora como la superación de la política en el medio de la *fiesta*. Las aspiradas reformas políticas fueron desplazados por la performatización de eventos mediáticos. Su energía social se volatilizaba en maravillosos efectos electrónicos. El espacio público que el intelectual había perdido institucionalmente como conciencia reflexiva e independiente bajo las condiciones represivas de la dictadura nacionalcatólica, lo reconquistaba ahora como un artista de la neovanguardia, sumarísimamente redefinido como animador mediático, empresario público y funcionario de las instituciones estatales para la cultura. En los medios de comunicación, en la joven narrativa y en el interior mismo del discurso político socialdemócrata o neoliberal, este artista fue estilizado como héroe posmoderno, al mismo tiempo conciencia nihilista, estrella carismática y productor de simulacros estético-político-comerciales. El nuevo cine, la nueva novela popular, la nueva vanguardia plástica o la nueva arquitectura de masas definieron el ámbito de una fascinante cultura al mismo tiempo vanguardista y burocrática, y del consiguiente Estado cultural como administrador del espectáculo nacional y sus réplicas micronacionalistas.

Cataluña contaba para ello con una tradición artística de primer orden. Las vanguardias catalanas de comienzos de siglo habían dejado, desde los tiempos del modernismo, una huella profunda, que el tradicionalismo nacionalcatólico nunca llegó a borrar completamente. Sin embargo, no fue el rigor de un Gaudí, o la poética de Espriu lo que el nacionalismo catalán ensalzó como punto de partida de la nueva cultura. Los apasionados signos del renaciente nacionalismo decimonónico, católico, provinciano y conservador se revistió más bien con gestos prestados del posmodernismo de Las Vegas o el *design* italiano, bajo el emblema del *Pabellón* de Mies van der Rohe a modo de buque insignia.

Tal vez no deba olvidarse a este respecto la figura histórica del intelectual fascista catalán Eugenio d'Ors, cuya exaltación estética y política del barroco aparece, desde la perspectiva posmoderna de los 80, como una anticipadora síntesis ecléctica de tradicionalismo moral y vanguardismo estético, caciquismo político y modernización intelectual. En rigor, Eugenio d'Ors, relativamente conocido en los medios de crítica del arte por sus brillantes, aunque inconsistentes ensayos, hubiera debido ensalzarse como el abuelo espiritual del concepto contrarreformista de modernidad implantada a través de la nueva administración estética catalana que abrazó los megaproyectos de Olimpiadas y sistema viales de alta velocidad.

Dalí, el genio superlativo y trivial que había trazado la síntesis estética del surrealismo y el nazismo, el que había exaltado al dictador Franco como modelo de una política paranoico-crítica, se perfilaba en este horizonte como verdadero profeta de la era de los «simulacros», cuyo programa general ya había anunciado en la década de los 20. Artistas tardodadaístas como Juan Brossa, y las fases finales, caracterizadas por un ornamentalismo vacío, de Miró y Tàpies, destacaban en este horizonte como ejemplos de una modernidad estética ostensiblemente depurada de cualquier dimensión crítica y reformadora.

En nombre de esta tradición vanguardista tardía y administrativamente acomodada tuvo lugar precisamente la revisión contrarreformista de la modernidad como producción sistemática de un universo de simulacros. Rubert de Ventós, en su libro *De la modernidad,* publicado en 1980, trazaba a este respecto un panorama político-cultural confuso pero, precisamente por ello, sintomático. Este libro declaraba como obsoleta la crítica reformadora de la sociedad, confortablemente confundida con la escolástica izquierdista realmente existente en los páramos intelectuales del franquismo y el posfranquismo españoles. En su lugar, el ensayista catalán se abrazaba seductivamente a un sensualismo trivializador, a un subjetivismo narcisista, así como a una vaga propuesta de travestimiento de la experiencia reflexiva en un efecto perceptivo aleatorio y flotante: un programático impresionismo y eclecticismo intelectuales. Rubert renunciaba enfáticamente a la construcción del sentido, en clara afinidad con las corrientes postestructuralistas, y con su traducción literaria en la joven narrativa española de los 80, de Muñoz Molina, Marías, Merino, Azúa... Su objetivo filosófico era, más bien, la construcción fragmentaria de una realidad espectacular y un principio liberal de tolerancia frente a todas las cosas, siempre que traducidas a un principio sensualista, que recordaba, en cierta medida, las seductoras utopías de los 60, a la vez que rescindía su sentido crítico.

La Movida fue la expresión social multitudinaria de este individualismo al mismo tiempo hedonista y conservador, mercantil y vanguardista. Ciertamente fue una corriente cultural ambigua, flexible, proteica, que por eso mismo se resiste en gran medida a una definición precisa. Desde un punto de vista etimológico, esta Movida se relaciona con la palabra «Movimiento», lo que insinúa algunas asociaciones mitológicas inquietantes. «Movimiento» era la categoría a la vez estética y política introducida en Europa por las estrategias fascistas de vanguardia de los años 20 y 30. El culto futurista a la máquina, el dinamismo y la violencia, y las campañas nacionalsocialistas de movilización masiva de la sociedad civil con destino a una guerra de expansión y exterminio, son partes integrantes de este importante concepto histórico a la vez estético y militar. «Movimiento» significaba traslado de masas humanas a través de los medios de comunicación moderna, desde la radio hasta la artillería pesada, y comprendía asimismo su concentración, movilización y exterminio con fines políticos y civilizatorios. El «movimiento», en el sentido precisamente moderno en que la Falange Española lo adoptó del fascismo italiano, se remontaba a un concepto a la vez artístico y político de transformación y movilización de la sociedad civil, ligado a la configuración de un nuevo humano y una forma totalitaria del ser[1].

Claro que la Movida fue un movimiento alegre y confiado, muy alejado de todo ese siniestro panorama europeo que culminó en la Segunda Guerra Mundial. Los valores éticos de la joven literatura española de los años 80, sus gozosas y banales exposiciones de pintura, o su trivial y entretenida producción fílmica, incluso las implicaciones políticas que indudablemente comprendía su representa-

---

[1] Eduardo Subirats, *Linterna Mágica,* Madrid, Siruela, 1997.

ción espectacular de una modernidad española divertida y limpia de conflictos, y una democracia vacía de contenidos, no pueden compararse con la magnitud de la utopía nacionalsocialista de una movilización total de la cultura a partir del Estado. La Movida fue un efecto cultural de superficie, no una obra de arte total. Se identificó enteramente con una fiesta frívola y corrupta, con una estrategia de signos bufos, y con una acción social comprendida estrictamente como mercancía y simulacro. No fue un movimiento social de consecuencias dramáticas y profundas. Los líderes mediáticos de la Movida deseaban la modernidad como ficción y ficcionalización de la realidad, reivindicaban una literatura o una filosofía concebidas como productos comerciales de moda, y adoptaron como doctrina social el salvacionismo narcisista de la propia piel a través de las estrategias de la imagen y el simulacro, y no una guerra sanguinaria de cruzada nacional.

Pese a su banalidad, o precisamente por causa de ella, la Movida significó, sin embargo, una verdadera y radical transformación de la cultura. Neutralizó cualquier forma imaginable de crítica social y de reflexión histórica. Introdujo, en nombre de una oscura lucidez, la moral de un generalizado cinismo. Su oportunismo mercantilista, indisolublemente ligado a una estética de la trivialidad, desembocó finalmente en una praxis política entendida como «acción comunicativa»: síntesis de despolitización de la sociedad y estetización de la política. La Movida erigió una acción social entendida como diseño, exposición y diseminación de una cultura integralmente performateada y administrada: el espectáculo posmoderno[2].

En cierto modo puede decirse que la Movida culminó la transformación cultural inaugurada por el Movimiento: eliminó los escasos focos de sensibilidad independiente que el nacionalcatolicismo había tolerado, fulminó desde su mismo interior la disidencia intelectual y artística, y transformó una cultura en muchos aspectos premoderna y antimoderna como la española, con una arraigada tradición de intolerancia y autoritarismo, en bazar de filósofos-periodistas y feria de zarzuelas político-multimediáticas, bajo el signo de la transmutación neovanguardista del arte en hipermercado[3].

Al lado de esta dimensión espectacular, junto a las gestas de su heroísmo mediático, la Movida abrazaba también las expresiones del desencanto social ante los límites y conflictos que lastraban la recién estrenada democracia; comprendía asimismo los cuadros degrada-

---

[2] Alberto Medina (Habermas).
[3] Rafael Lamas, «El cine de Almodóvar como zarzuela posmoderna», en este número de *Quimera,* Pedro Pérez del Solar.

dos que ofrecía el consumo masivo de las drogas duras, y daba expresión, a través de sus variopintas manifestaciones, en la música, en el vestir y en la vida cotidiana, a un pesimismo apocalíptico, y, por tanto, a una auténtica protesta. Ésta, sin embargo, acabó por diluirse en un pluralismo eclecticista de signos, corrientes o discursos de desgastadas dimensiones críticas. La Movida asociaba la revolución sexual de los 60 con los cambios de comportamiento amoroso suscitados por la aparición del sida, conjugaba el vitalismo de inspiración nietzscheana con el culto a las drogas duras, y no veía ningún inconveniente en abrazar al mismo tiempo un anarquismo cotidiano *sui generis* con el apoyo incondicional a un *establishment* político conservador. En la música, sus manifestaciones adquirieron una dimensión popular, en la que no estaba ausente una crítica social. En las artes plásticas, sus expresiones abarcaron un amplio espectro formal, desde un neoexpresionismo abstracto, más obediente que atento a las pautas de la crítica internacional, hasta el *pop-art*.

Fue, sin embargo, el cine, y de manera muy particular la obra de Almodóvar, la que confirió a la Movida un sello social de carácter masivo y difundió su eclectisicmo intelectual, su concepto espectacular de modernidad y su cinismo moral en un ámbito internacional. La importancia de la obra de Almodóvar se debe a su cristalización de un estilo rotundo que conjugaba fluidamente los valores de la España tradicional con la gesticulación de una modernidad estrafalaria, dotada al mismo tiempo de elementos grotescos, conjugados con la tradición popular de la zarzuela decimonónica. En sus filmes, la estética del *spot* publicitario se daba cita con el melodrama de los teatros de varietés del Madrid castizo. Sus comedias en torno a una cotidianidad liberada de los prejuicios y tabús de la España católica y autoritaria estaban atravesadas, al mismo tiempo, por los valores mitológicos profundos de aquella misma tradición represiva. Los filmes de Almodóvar insistían en un humor patéticamente estereotipado, en las prolijas escenografías de una sexualidad degradada y, por consiguiente, retóricamente exagerada, sin dejar de reiterar, simultáneamente, algunos lugares comunes del tremendismo castizo de un pintor Solana o del novelista C. J. Cela, por citar un par de deplorables ejemplos.

Mujeres al borde de un ataque de nervios es el espectáculo de la nueva tolerancia en las costumbres españolas. Sus protagonistas y comparsas ponen de manifiesto los signos de una ecléctica liberación definida al mismo tiempo por las minifaldas de los 60, los dobleces y ficciones del bolero latinoamericano, el nuevo diseño madrileño mimetizado de las revistas internacionales, y una tradicional confusión de intrigas amorosas y corrupción profesional. El ambiente festivo y alegre que distingue a este filme como una verdadera orgía de la emancipación de los signos no impide, al mismo tiempo, que sus protagonistas femeninas acaben interpretando el tradicionalista papel de *mater dolorosa* (la visión negativa del abandono, la soledad y el dolor), y sus protagonistas masculinos se comporten como bufones (es decir, asuman la degradación en una existencia animalizada y grotesca como verdadera liberación).

La narrativa española de estos años ha afirmado una dimensión en muchos aspectos paralela. Benet y Mendoza constituyen dos hitos extremos y contrapuestos a los que subyace, sin embargo, un mismo concepto de ficción y de ficcionalización de lo real que expresaban sintomáticamente el tono espiritual de la sociedad española de la época. La narrativa de Juan Benet ha sido definida con los términos más bien aleatorios de un «realismo maravilloso». Sus descripciones minuciosas e hiperrealistas fueron comparadas por Gimferrer con el método del escrupuloso científico o incluso del filósofo ensayista. Ciertamente, la prosa objetivista y objetivadora de Benet nos introduce, por ejemplo en *Herrumbrosas lanzas,* en medio de un universo transparente de hiperrealidades microscópicas: descripciones microrrealistas de lugares geográficos, microsituaciones sociales, estrategias y tácticas militares focalizadas hasta las minucias más absurdas. Sin embargo, el resultado retórico de esta opción formalista e hiperrealista ha sido una narración confusa, innecesariamente compleja muchas veces, antieconómica y gratuitamente sofisticada. Es ficción por la ficción misma. Ficción como entretenimiento. Ficción atribuida incluso, por el propio Benet, al aburrimiento y a la indiferencia. Bajo una forma que conjuga la hiperrealidad con el cinismo, la novela en cuestión soslayaba, sin embargo, una cuestión pendiente, hasta entonces sólo debatida en la literatura del exilio, de Sénder a Juan Goytisolo: la Guerra Civil Española y la implantación violenta de la forma nacionalcatólica de vida en el territorio ibérico.

Quiero subrayar la importancia de la ficción en los años 80 en cuanto a la dimensión social o, más específicamente, mediática y política que legitimaba. La novela *La ciudad de los prodigios* de Mendoza brindó a este respecto un modelo paradigmático. En ella nos encontramos con una constelación epistemológica y políticamente complementaria a la que distinguía la mencionada obra de Benet. No se trata aquí, sin embargo, de la estética maravillosa de un hiperrealismo microanalítico y a la postre absurdo. El objetivo literario de Mendoza no era la eliminación de la experiencia histórica en nombre de una realidad ficticia o una maravillosa hiperrealidad. Por el contrario, *La ciudad de los prodigios* parece una novela rigurosamente histórica atravesada por transparentes situaciones sociales e individuales «objetivas». La ficcionalización de lo real no afecta a su forma novelística tradicional, ni altera su lenguaje común. No es un *parti pris* epistemológico, al contrario de la estética de Benet. Lo realmaravilloso, lo hiperreal, constituye más bien su contenido o, por decirlo de una manera todavía más grosera, su moraleja literaria, su mensaje político-moral. Esta novela, que en su día fue un sonado *bestseller,* describe la historia de una ciudad real, a lo largo de un tiempo histórico objetivo y a través de personajes realísticamente plausibles. Y, no obstante, esta ciudad de Barcelona es presentada a lo largo de una ritual evolución hacia una especie de gloria hiperreal, o más exactamente, hacia una transfiguración mediática que abre la ciudad a una sublime explosión de apariencias extáticas: la ciudad como espectáculo. Mendoza anticipaba con su actitud entre irónica y legitimadora la efectiva ficción arquitectónico-electrónica de las Olimpiadas de 1992 de Barcelona y a los fastos nacionales que la rodearon.

Entre la celebración narrativa de la cultura como espectáculo y la liquidación literaria de la memoria histórica, la novela española de esos años trazó los perfiles de una nueva conciencia finisecular. Los novelistas Muñoz Molina o Javier Marías arrojaron en este sentido un interesante cuadro costumbrista de la vida española de estos años, a través de una serie de personajes comunes cuya característica central era su contaminación de irrealidad: seres definidos por la apatía y el hastío, por una enfática oquedad interior y un insistente relativismo moral, que se regodean melodramáticamente en la confusión de signos de un falso cosmopolistismo o de una fascinación muchas veces patética de la «gran urbe», atravesada por los lugares más comunes de los estímulos y excitantes que proporciona el consumo tardomoderno, la seducción de un caos y una irracionalidad torpemente exageradas, y un culto insidioso y torpe de lo efímero.

La estética y la política del espectáculo encontraron en la arquitectura de estos años un medio idóneo de expresión. Y ha sido también la arquitectura española de los años 80 una de sus expresiones culturales que mayor repercusión internacional ha encontrado. Bofill trazó la síntesis de una modernidad tecnológica, y de una iconografía tradicionalista, prolijamente adornada de motivos clasicistas y mediterráneos. En algunos de sus proyectos, como el aeropuerto de Barcelona, esta síntesis se explaya profusamente en una retórica manierista a la que no le importa sacrificar lo funcional. En otros casos, como el aeropuerto de Málaga, lo que se pone en escena es más bien una simple pero obsesiva monumentalidad, cuyos momentos retóricos clasicistas emulan explícitamente la grandilocuencia del *kitsch* franquista o peronista de los años 50.

Esta misma monumentalidad heroica, junto a un historicismo emblemático y vacío se pone de manifiesto en uno de los más celebrados proyectos de Moneo, el Museo de Mérida. Aquí, el sueño de construir unas magnificentes termas romanas en la vieja colonia hispánica rompe cualquier consonancia arquitectónica con las delicadas ruinas de la mediana acrópolis que la rodean. El Museo Arqueológico de Moneo, por otra parte, no mantiene el menor diálogo con el degradado ambiente urbanístico en que se levanta. Simplemente se incrusta en su tejido, sin la menor distancia reflexiva hacia él, y sin la menor concesión espacial para los usos públicos a los que un Museo se debe: desde aparcamientos hasta bancos en que sentarse. Sus dimensiones exaltantes desprecian la funcionalidad de un espacio destinado, en definitivas cuentas, a una colección arqueológica de proporciones humildes. El resultado es un significativo vacío interior, una monumentalidad retóricamente forzada, una espacialidad *fake*.

Este Museo utiliza aparentemente el ladrillo como material de construcción: simpática mediación con las tradiciones artesanales de la arquitectura popular española y gesto dialogante con los propios materiales rústicos de las ruinas. Una mirada más atenta descubre, sin embargo, que no se trata de tal. El ladrillo es un mero revestimiento, utilizado con la misma versatilidad que en la estética historicista de los *malls* tardomodernos. Retóricamente añadidos a la estructura de hormigón, estos ladrillos hacen verdaderamente impropio el título de regionalismo crítico bajo el que K. Frampton lo bautizó en su día. Nos encontramos más bien ente un manierismo regionalista e historicista, tan inconsistente desde un punto de vista artístico, como desde un punto de vista constructivo: los ladrillos, en efecto, no han dejado de despegarse y caer a pedazos de su fachada a lo largo de los pocos años de existencia de este edificio.

Estas obras literarias, ensayísticas o arquitectónicas arrojan por igual un interesante cuadro estético-político de la sociedad española de los 80: simulacros literarios realmaravillosos, monumentales escenografías arquitectónicas, supresión de la memoria histórica, travestimiento de las formas represivas de vida, neutralización del sujeto autónomo de una experiencia reflexiva y ejemplar de lo real, estetización mediática de la democracia como carnaval semiótico... La estética del travestimiento elevada por las películas de Almodóvar a identidad nacional, o la exaltación de una falsificada memoria histórica en los eventos arquitectónicos y electrónicos del Quinto Centenario son las efemérides político-culturales que cierran este círculo de engaños. Distinguen la paradoja de una cultura en muchos aspectos premoderna, que abrazó repentinamente el proyecto neobarroco de ficcionalización literaria, arquitectónica o política de una modernidad milagrosamente consumada: paradoja maravillosa de una modernización posmoderna.

Ambigua modernización

La política modernizadora que ha distinguido las transiciones posdictatoriales de España y América Latina a finales de los años 70 y comienzos de los años 80 es ambigua. Se define por el concierto administrado de una oratoria oficial modernizadora que no afecta a las sustancias profundas del anacronismo hispánico, y una verborrea literaria, filosófica y artística de signo trivializador. Las culturas hispánicas se distinguen históricamente por un subdesarrollo que en modo alguno puede limitarse a determinadas coyunturas políticas, o a categorías económico-políticas y tecnoeconómicas. El atraso, como la pobreza, antes que una característica económica, definen una condición intelectual y moral. El subdesarrollo hispánico se remonta a la precariedad de sus tradiciones ilustradas y liberales, y a la resistencia nacionalcatólica de estas culturas a las revoluciones filosóficas, científicas y sociales modernas. Desde el siglo XIX la modernidad ha adoptado en este ámbito geopolítico el carácter de una tardía promesa de recuperar el tiempo perdido de un progreso histórico nunca auténticamente abrazado en cuanto a sus principios éticos y epistemológicos. Sin embargo, a lo largo de las últimas décadas, esta modernidad ha sido recodificada como un reino trascendente de simulacros político-económicos y administrativo-culturales: la carnavalización de la democracia, la estetización de la política como fiesta mediática, la configuración de un Estado cultural como ficción y escarnio de las masas electrónicas, la *comodificación* de las vanguardias artísticas y su elevación mística a espectáculo volátil. Bajo la preponderancia del *pastiche* y del reciclaje cultural se ha abierto paso el abandono de cualquier proyecto cultural renovador, la ausencia de sujetos sociales y de discursos, el no-sentido, y el no-análisis de la realidad política y social. La posmodernidad se ha celebrado como política esteticista del abandono y la legitimación de un presente sin nombre, como absolución de la crítica y complacencia con las formas de poder realmente existentes.

En rigor, la cultura española no había experimentado el fin de la metafísica, desconocía el principio configurador de las tradiciones críticas del pensamiento ilustrado y positivista, contaba con precarias tradiciones liberales, y no había asumido la experiencia social y artística de las vanguardias en un sentido estricto. En lugar de confrontarse con este pasado real, y asumir tanto su diferencia como sus limitaciones, la década de los 80 celebró su olvido colectivo, para entregarse con mayor soltura a la modernidad hiperreal de las orgías electrónicas y burocráticas de eventos multimediáticos. Las preguntas abiertas de una modernidad limitada e incumplida se eclipsaron en el cielo intelectual y artístico de las seducciones de los medios de comunicación, su banalización discursiva y el más simplista de los cinismos.

La estetización de la política celebró su apoteosis en la Gran Efemérides Hispánica de 1992. Nuestra perspectiva histórica es, sin duda, demasiado limitada para poder comprender la multiplicidad de motivos que convergieron en aquella farsa mediático-político-arquitectónica. El final de la Guerra Fría y el comienzo de las guerras étnicas y nacionalistas europeas, las estrategias financieras y militares del Nuevo Orden Mundial, y la Guerra del Golfo Pérsico, la integración de la Comunidad Europea y la desintegración moral del socialismo español constituyen algunos de los referentes que rodearon y dieron sentido al gran evento, la *Parallelaktion* española, el Quinto Centenario de la fundación de la Nación Católica. Sin descontar la crisis social y política que atravesaban en aquel momento las precarias democracias latinoamericanas, el despertar de los neofascismos europeos y la agresiva irrupción en el mercado de las nuevas redes electrónicas de comunicación.

La Fiesta del 92 fue una *Gesamtkunstwerk* o, más bien, la gran síntesis política de zarzuela y espectáculos *high-tech,* en la que intervinieron al mismo tiempo una arquitectura espectacular, las narrativas de falsificación regionalista y nacionalista de la historia, y la ficcionalización de una política entregada a la producción de ilusiones para el consumo de las recién constituidas masas electrónicas. Los centenarios de 1992 fueron el cumplimiento del ideal barroco de un «Gran Teatro del Mundo», y, al mismo tiempo, la farsa carnavalesca de la decadencia española anunciada por Larra, Blasco-Ibáñez o Valle-Inclán, ahora puesta sobre su cabeza.

Falta por considerar la culminación o clausura de la transición democrática. El relato de la modernización posmoderna no termina, en efecto, en la apoteosis final de cinismo social, heroísmo mediático y política espectacular. Ni tampoco puede creerse que los grandes nombres de la arquitectura, el ensayo, la novela o el cine de este período sean la real puerta abierta hacia la España del mañana. Más bien sospecho que los escenarios culturales del período que se cerró con las Olimpiadas y el Centenario de 1992 inauguran el reiterado paisaje errático de sendas perdidas que ha caracterizado, salvo muy breves paréntesis, la historia intelectual y política española desde el siglo de *les lumières*.

Este paisaje final permite dos lecturas diferentes y aun contrapuestas. Uno: «final patético». El final de la gran fiesta posmoderna española ha puesto de manifiesto, a lo largo de los años 90, su rostro más putrefacto: cuadros de corrupción, signos de involución institucional, paisaje nacional de desolación y apatía. El espectáculo, en fin, de una continuada decadencia española. El fracaso de la modernización espectacular no abre sus puertas a una reformación más estricta de su proyecto social. La *intelligentsia* instalada en los centros de información y difusión del conocimiento cierra sus filas a una crítica y una revisión necesarias del pasado inmediato. La casta dominante encubre, bajo la capa de su ignorancia, las risibles ficciones de los años 80 con una nueva ficcionalización regeneracionista. Se esgrimen los símbolos de una moral trascendente, al lado de las banderas de salvacionismos micro y macronacionalistas en nombre de la familia, la raza, la fe y las patrias. Esta nueva fiesta ha empezado ya con paso ciertamente inseguro. Pero, a diferencia de los precedentes ensayos de la Primera y Segunda repúblicas, el desmoronamiento de un precario proyecto liberalizador no se corona con un restaurado tradicionalismo español y su larga secuela de reeditados idealismos autoritarios. La fragmentación mediática confiere al viejo tradicionalismo un nuevo rostro difuso, un carácter descentrado y polisémico. La posmodernidad subsiste como abandono de un proyecto reformador en una cultura de precarias tradiciones críticas. Los viejos idearios de la España mítica y la España única se reformulan como banalidades culturales bajo los formatos del consumo electrónico. Los rituales de la España agónica y profunda se retransmiten bajo los signos delirantes de micronacionalismos más o menos exacerbados. El atraso científico y tecnológico se reviste con complacencias folcloristas sobre la buena salud de la lengua y un millar de superfluos premios literarios. Tras las fachadas populistas micronacionales y macropolíticas se ensayan y enseñan los ritos autoritarios de una bien asentada mediocridad, entre vítores vergonzantes e hipócritas aplausos...

Sin embargo, tras esas precarias fanfarrias de la *fiesta* posmoderna y su miserable legado político-cultural tiene lugar la otra escena. Es el relato de una España al margen, que habla desde un exilio histórico, y desde nuevos exilios interiores y exteriores de la sociedad actual. Son las voces que saben del atraso secular español; las que han redefinido la memoria histórica y reformulado un proyecto político de signo radicalmente democrático; son las que se adentraron con una mirada crítica en las aporías de la racionalidad moderna; las voces de resistencia contra la mala tradición heredada. La verdadera conciencia artística de la España transicional. Los portadores del proyecto de una reforma todavía incumplida. La palabra por revelar.

La feria de las vanidades: crítica literaria y mercado en la España post-posmoderna

ANA NUÑO

La marcha se comprueba andando, dice un dicho francés, y pienso que una manera óptima de comprobar la naturaleza y los efectos producidos por los dos feriantes que postula el subtítulo —crítica literaria y mercado— es operar una *reductio ad absurdum:* cómo se comporta esa crítica y cómo reacciona ese mercado ante una obra que rechaza o expele, como si se tratara de un cuerpo extraño, y qué contiene esa obra que sea capaz de movilizar esta energía repelente.

Antes, sin embargo, de introducirnos en el recinto ferial, no será vano, pienso, despejar con cierto lujo de detalles las tres incógnitas de mi subtítulo. A saber, qué cosa puede ser o en qué cosa puede consistir el ejercicio de la crítica literaria hoy en España; sobre qué presupuestos —bien explícitos, bien, las más de las veces, no explicitados y tácitos— se asienta; qué papel tiene la posmodernidad en España y qué sentido España en la posmodernidad, y qué puede entenderse por mercado en el ámbito de la circulación y consumo de esos bienes culturales que son los libros.

Pequeña acotación al margen o nota al pie respecto de esto último, a propósito de la función que al libro pueda asignársele hoy en España desde los más oficiales estamentos. Doña Esperanza Aguirre, que antes de presidir el Senado fue Ministra de Educación y Cultura, se señaló, muy al comienzo de la primera legislatura de José María Aznar, por una intervención en la Cámara Baja donde, en el marco de un debate sobre la oportunidad de desregular el precio de los libros en el mercado español, sentenció que éstos eran una mercancía más, como cualquier otra, y que, siendo esto así, no existía razón alguna que justificase el mantenimiento de una legislación protectora, es decir, del precio fijo. Tal cosa dijo en estos términos y utilizando una comparación que no puede ser más elocuente: «Los libros [dijo] son como los zapatos. ¿A quién se le ocurriría controlar el precio de los zapatos...?»[1] Cierro la digresiva nota, que he introducido

---

[1] El 23 de junio de 2000, el Consejo de Ministros adoptó un decreto-ley de «desregulación de los descuentos en el precio de los libros de texto». En posteriores de-

únicamente para recordar que eso de que los libros sean tenidos por bienes culturales no es en absoluto algo que haya de darse por sentado, y mucho menos en nuestro neoliberal entorno actual.

Permítaseme esbozar el despeje de las mencionadas incógnitas relatando aquí dos anécdotas. De la primera fui testigo cuando Roberto González Echevarría presentó en Barcelona la primera traducción al castellano y primera edición en España de uno de sus dos libros más conocidos, *Celestina's Brood, La prole de Celestina*[2]. Es poco frecuente en este tipo de actos —a los que, dicho sea de paso, han quedado reducidos los rituales de la vida literaria en España— que el presentador de la obra reprenda al autor de la misma en público. Sin embargo, esto fue lo que ocurrió en esa oportunidad. Uno de los presentadores[3], conocidísimo y reputado catedrático de Filología Española de una de las cuatro universidades de Barcelona, reprochó a González Echevarría que hubiese aplicado a su lectura de obras como *La Celestina* o *El lazarillo* unas herramientas metodológicas y que las hubiese insertado en unos marcos teóricos que él, el presentador discrepante, consideraba perfectamente espurios. Hasta aquí, poco hay que comentar. Que la filología española, tal como se sigue practicando hoy en las universidades de este país, se muestre reacia a incorporar el bagaje teórico al que recurre con frecuencia un González Echevarría —bagaje que, por otra parte, puede considerarse ya canónico, y que consiste esencialmente en el estructuralismo y postestructuralismo más ortodoxo, de Roland Barthes a Jacques Derrida—; que la actual filología española, pues, no quiera admitir en su seno estos a la par que otros enfoques no será una novedad para nadie al tanto de los hábitos de la tribu académica peninsular. Después de todo, el mero hecho de que los estudios literarios en España continúen siendo designados con la decimonónica, positivista eti-

---

claraciones de los responsables del Ministerio de Educación, Cultura y Deportes (*sic*), se ha plasmado la intención del gobierno del PP, que adoptó el mencionado decreto sin previa consulta o diálogo con los sectores a los que esta medida puede afectar (gremios de libreros y editores, principalmente), de hacer extensiva la desregulación (o liberalización) del precio de los libros a toda la producción editorial española, y no sólo a los libros de texto. Estas iniciativas, así como el proyecto de política cultural que las subyace, merecerían por sí solas una presentación y discusión aparte. Véase el dossier «La edición en la encrucijada», *Quimera,* núm. 196, octubre de 2000, parcialmente dedicado a estos aspectos.

[2] *La prole de la Celestina: continuidades del barroco en las literaturas española e hispanoamericana* (Colibrí, Madrid, 1999). El otro título es, por supuesto, *Myth and Archive: A Theory of Latin American Narrative* (Cambridge University Press, 1990).

[3] Alberto Blecua.

queta de «filología» dice ya mucho sobre los contenidos y enfoque que recibe esta disciplina.

No, lo interesante, o lo que me interesa subrayar, de la intervención de este distinguido catedrático se produjo poco después, cuando quiso éste fundamentar su rechazo en un argumento que, a todas luces, daba por descontado que quienes asistíamos a aquel acto y recibíamos sus palabras consideraríamos normal y, hasta cierto punto, *self-evident*. No le oímos decir, por ejemplo, que el estructuralismo y sus secuelas, merced a la severa descontextualización que opera en los textos pasados por su tamiz, puede conducir a la fabricación de lecturas e interpretaciones poderosamente deformadoras. No. El motivo por el que aquello se rechazaba y debía ser rechazado era la misma naturaleza foránea de las ideas que lo nutrían. Apunté las palabras del catedrático. Dijo, dirigiéndose a González Echevarría: «Comprenda usted, nosotros aquí somos bastante endogámicos. Es así, qué le vamos a hacer, y nos hemos acostumbrado, y pienso que es una buena cosa, a tratar de nuestros asuntos en casa y entre nosotros. Estas modas francesas nos parecen sólo eso: unas modas venidas de París.»

Hasta aquí la primera anécdota. De la que, lo habrán ustedes comprendido, me interesa extraer un rasgo que ciertamente forma parte de esos presupuestos en que se asienta la crítica literaria, tal como esta disciplina se practica hoy en España. Y no sólo en el ámbito académico. Nada más lógico: la mayoría de los críticos que ejercen en el medio periodístico han recibido una formación universitaria moldeada por esos presupuestos, y muchos de esos críticos son, a su vez, profesores o catedráticos de universidades españolas. El rasgo en cuestión, evidentemente, es la endogamia, con su inevitable secuela, a saber, el rechazo de lo foráneo.

Permítaseme abandonar ahora estas castizas aguas, a las que volveré cuando aborde «el caso» de Juan Goytisolo, para referirles mi segunda anécdota. Como la primera, ésta se desenvuelve asimismo en el marco de la presentación de un libro, *La virgen de los sicarios*, de Fernando Vallejo[4]. Esta novela —aunque su autor es reacio a considerarla como tal y prefiere hablar de libro a secas, por razones que no viene aquí al caso detallar— es la única obra de la ya cuantiosa producción de este escritor colombiano, natural de Medellín y residente desde hace tiempo en México, que el lector español tiene hoy a su alcance. Que esto sea así, y que no sólo las obras de Vallejo,

---

[4] Del que existe una reciente adaptación cinematográfica, dirigida por Barbet Schroeder.

sino también una preocupante cantidad de novelas, relatos y poesía (ni hablar del ensayo) escritas y publicadas en el ámbito de la lengua española en el costado americano del Atlántico, no circulen en España y sean ignoradas por escritores, críticos y académicos en este país constituye, para quien esto escribe, una fuente de constante perplejidad. También de enfado, por qué no decirlo: la ignorancia en que viven los españoles de lo que se produce actualmente en el ámbito literario en América Latina; la ignorancia, salvo contadísimas excepciones, del valor de algunas de estas obras y de la importancia de sus autores, se me había puesto de manifiesto en más de una ocasión, antes de que sucediera lo ocurrido en el acto de presentación del libro de Vallejo.

Por ejemplo, cuando vino a visitarnos a Barcelona, dos años antes de su muerte, la poetisa argentina Olga Orozco. Lumen acababa de recoger en un volumen su obra poética, una obra que ni siquiera fragmentariamente era posible leer en España desde hacía décadas, y que ahora aparecía precedida por un Prólogo de Pere Gimferrer. La Asociación Colegial de Escritores de Cataluña (ACEC) invitó a la poetisa a que diera un recital en el Ateneo barcelonés. Enterados de esto —no abundan los actos culturales que trasciendan las contingentes necesidades del mercado y la actualidad literaria más perecedera—, los conocedores de su obra se dieron a la tarea de congregar en torno a ese acto a poetas y editores de poesía barceloneses. Uno de estos editores, que hasta la fecha ha incluido en su catálogo, entre los poetas de habla española, únicamente a peninsulares, contestó a la invitación con un «pero bueno, vamos a ver: si yo tuviera que asistir a cuanto recital poético viene a dar aquí cualquier poeta latinoamericano que esté de paso...»

Pero volvamos a Fernando Vallejo. La editorial que publicó *La virgen de los sicarios* en España el año pasado no es otra que la muy prestigiosa (y poderosa) Alfaguara. Uno de los presentadores del libro —como es obligado en este tipo de actos, el responsable de la editorial en Cataluña— rememoró en su intervención la primera vez que oyó hablar de este autor. Había sido en la Feria del Libro de Bogotá en 1994, el año en que apareció en Colombia la primera edición de *La virgen de los sicarios*. Un amigo colombiano del editor catalán, en su juicio literario confiaba éste plenamente, le recomendó encarecidamente su lectura. Pero el editor estaba a punto de volver a España y no tuvo tiempo de hacerse con un ejemplar de esta obra o con las señas de su autor, a la sazón residente en Ciudad de México. Pasó el tiempo y el editor, abrumado de trabajo como todos los editores, olvidó aquella recomendación de su amigo. Hasta que un día de 1996 descubrió una muy elogiosa reseña crítica del libro de Vallejo en un reputado suplemento literario de la prensa francesa. El libro, en efecto, había sido traducido al francés recientemente. Nuestro editor decidió activarse, y pidió a su amigo en Colombia que le enviase cuanto antes un ejemplar de la dichosa obra. No sin cierta dosis de inocente malicia, nada infrecuente en los andinos, su hombre en Bogotá se limitó a remitirle un paquetito donde le llegó a nuestro editor, por fin, el ansiado libro. Cuál no sería, sin embargo, su sorpresa cuando al abrirlo descubrió, rubricado en la portada de la edición colombiana, el sello de la mismísima editorial que él representa en la Ciudad Condal.

Cabe mencionar también la naturalidad con que el protagonista de la anécdota narró estas aventuras delante de los asistentes al acto de presentación, aquella noche en Barcelona, como si lo que refería fuese una graciosa peripecia y poca cosa más. Detrás de esta anécdota, sin embargo, como la parte emergente de un inmenso iceberg, se adivina algo más que la ignorancia celosamente cultivada en España de lo que acontece en América Latina, y no sólo, valga recordarlo, en el ámbito que nos ocupa. Desde los años 80, esa «década perdida» que vio desplomarse las economías de cartón piedra de la mayoría de países latinoamericanos y, con ellas, como era inevitable que sucediera, desarticularse las industrias editoriales locales —que en al menos dos países, México y, sobre todo, Argentina habían sido florecientes y que fueron, hasta los 60, indispensable pulmón de la edición en lengua española, asfixiada en España por la censura del régimen franquista—, los grupos editoriales españoles de mayor peso han elaborado una estrategia en América Latina que sólo admite el calificativo de neocolonialista. Me explico.

Cuando Planeta o Tusquets o Alfaguara editan en México o Argentina o Colombia a autores locales —algunos de la talla del argentino Ricardo Piglia y la chilena Diamela Eltit—, lo hacen por todo lo alto, desde luego, invirtiendo lo que haya que invertir en promoción y distribución y aun otorgándoles algún premio. Pero con una consecuencia inmediata: que estos autores, al lado de cuyas obras las de muchos de los narradores españoles contemporáneos más jaleados por la prensa y vitoreados por la crítica parecen insustanciales y vacuos pasatiempos, queden automáticamente condenados a ver cómo sus obras circulan sólo en el ámbito de sus respectivos países natales. Esta *balcanización* de la literatura latinoamericana operada por las editoriales españolas, con independencia de las racionalizaciones al uso y los argumentos de mercadeo, que aluden todas a la fragilidad de las estructuras de distribución en Hispanoamérica, y el consiguiente encapsulamiento de la literatura de lengua española escrita en América en los estrechos márgenes de sus correspondientes naciones, sirve manifiestamente los intereses de la institución española. Cuando hablo de institución literaria, me refiero al entramado más o menos complejo, más o menos conscientemente erigido, más o menos generador de mutuas y solidarias complicidades, en el que participan editores, críticos, académicos y autores españoles. ¿Por qué razón se impide que circule en España la literatura americana de lengua española? Porque España, en términos de mercado, es la puerta de entrada a Europa. Nadie ignora ya que la globalización es únicamente financiera, y que no excluye el control de la libre circulación de las personas, cuando éstas provienen de los países del llamado Sur. Así que cabe preguntarse: limitar, como en este caso, la circulación de mercancías y productos, ¿qué sentido tiene? Para comenzar a despejar esta incógnita, conviene no olvidar que, desde que se inició el reflujo de las aguas del *boom* latinoamericano en los años 70, los editores franceses, alemanes o ingleses han venido reduciendo, más o menos drásticamente, los presupuestos que asignaban a la traducción y edición, en sus respectivos ámbitos lingüísticos, de obras literarias editadas en lengua española. Se comprende que, en la pugna por hacerse un lugar en esta piel de zapa que se inicia con la entrada de España en el entonces Mercado Común Europeo, en 1985, la institución literaria española tenga interés en mantener a raya a autores no peninsulares que podrían amenazar con infiltrarse en este espacio por méritos propios.

Esta estrategia de apartamiento y contención de la literatura latinoamericana ha sido doblemente exitosa. Por una parte, ha permitido o propiciado la aparición de un *seudoboom* literario español exportable a Europa, cuyos más notorios productos, en términos de volumen y ritmo de traducciones a otras lenguas europeas, son Javier Marías, Antonio Muñoz Molina, Arturo Pérez-Reverte y Manuel Vázquez Montalbán. Por otra parte, ha supuesto para la industria editorial española una nueva conquista y colonización de América Latina, en la medida en que dicha industria ha sabido sacar provecho de la crisis del sector editorial en esta región, ocupando su lugar y desempeñando sus funciones: publicar localmente a los mejores talentos literarios de esos países. No es una exageración decir que los escritores latinoamericanos que publican en editoriales españolas son el equivalente, en naturaleza si bien no en valor, del oro y la plata de antaño, el petróleo, la bauxita, el cobre y las maderas preciosas actualmente explotados en el subcontinente. En otras palabras, materia prima, aunque ciertamente de inferior calidad que aquéllas, puesto que quienes la explotan no consideran rentable importarla para su consumo en la metrópoli.

La crítica literaria española declara su nombradía, como hubiese dicho Borges, cuando advierte, como hacía el catedrático en nuestra primera anécdota, de que nada de lo ajeno o foráneo ha de ser admitido en el incestuoso recinto de las letras españolas. No hace falta leer el final de *Cien años de soledad* para saber cuál es el destino que aguarda a las familias endogámicas. La ignorancia de lo ajeno se suma al cultivo de la desmemoria y la proliferación de versiones *light* de la Historia, en una España que vive lo que Julio Rodríguez Puértolas ha llamado «la Segunda Restauración». Cito:

> Se revisa el papel histórico de Felipe II y de la Inquisición; se considera a Cánovas como el primer estadista español de los tiempos modernos; la guerra civil de 1936-39 no es ya un enfrentamiento de dos posibles Españas, sino de tres; la sublevación militar estuvo justificada por el *caos* de la República...

Y en lo que concierne a la relectura y rehabilitación de figuras literarias comprometidas con la dictadura, «Gentes como César González Ruano, Camilo José Cela, José María Pemán, José María de Areilza, Josep Pla, Pedro Laín Entralgo, Gerardo Diego y tantos otros no son solamente purificados gracias al olvido y la distorsión de la Historia, sino elevados a fantásticos pedestales»[5].

No es extraño pues, en un contexto como éste, que la obra de Juan Goytisolo reciba en España la atención crítica que en este país se otorga preferentemente a lo foráneo. La obra de Goytisolo se recibe y percibe, en efecto, como un cuerpo extraño, incómodo, inoportuno, tanto como las obras de escritores latinoamericanos o las ideas francesas o —conviene no olvidarlo— los escritos de los exiliados españoles de éste y todos los tiempos, de Blanco White a Américo Castro.

España ofrece hoy una fachada de normalidad que esconde estas y otras graves deficiencias y anomalías. Tal fachada, en un país, hay que recordarlo también, que no conoció en el debido momento la modernidad ni industrial ni cultural de otros países europeos, ofrece el elemental diseño de la más desatada posmodernidad. Sus principales rasgos (anhistoricismo, desmemoria o amnesia colectiva) adquieren aquí una virulencia que es función precisamente de la ausencia de una tradición de la modernidad o de la experiencia de la modernidad. Debajo de los oropeles de los 60.000 títulos editados anualmente, las viejas carencias y miserias de la vida intelectual se disfrazan de agresivo yupismo para poder subirse al tiovivo del mercado. Pero las carencias están ahí. Según una reciente encuesta de la SGAE (Sociedad General de Autores), la mitad de los españoles en edad de leer declara no leer jamás un solo libro, lo que supone uno de los índices de lectura más bajos de Europa. Y el gasto anual,

---

[5] En dossier Américo Castro, *Quimera*, 169, mayo de 1998.

en adquisiciones de libros para bibliotecas es más de seis veces inferior que en Francia y casi doce veces que en Inglaterra. Sin temor a la paradoja, puede sospecharse que España, ese país eternamente amputado de modernidad, se esté convirtiendo o se haya convertido ya en el país modélico de la posmodernidad en la era de la globalización.

España está hoy saturada de intelectuales. La vida universitaria, los medios de comunicación y las actividades editoriales son el marco en que se desenvuelven centenares de hombres y mujeres «dedicados preferentemente al cultivo de las ciencias y las letras», para retomar la definición que da el *DRAE* de la palabra «intelectual». Por ceñirnos al ámbito editorial, piénsese sólo en esos 60.000 títulos anuales o en la habitual noria de presentaciones de libros y autores, convertida todos los años, con motivo de la Fiesta del Libro, en desbocado tiovivo, que con sus vertiginosas rotaciones recuerda aquel otro con que culmina la acción de *Extraños en un tren,* de Hitchcock. Ignoro el saldo último de estos festejos y si arroja víctimas, pero el espectáculo que ofrecen no puede ser, a primera vista, más alentador: vivimos en el mejor de los intelectuales mundos posibles.

La obra de Juan Goytisolo no puede sino suscitar animadversión y rechazo, o cuando menos recelo y sospechas, entre quienes creen a pies juntillas en las bondades de este retablo de feria. Y no queda más remedio que pensar que los feriantes son legión, a juzgar por los silencios concertados y mendaces comentarios que tan a menudo recibe en este país. Sirva de botón de muestra el increíble juicio emitido por un notable «palomo amaestrado» del gremio de críticos literarios, tan abundantemente surtido de este género de aves, que considera que la narrativa de este autor es «una hipótesis de trabajo».

Cabe entonces plantear la existencia de un *problema Goytisolo.* Éste, en realidad, es el generado por la ausencia de un contexto crítico adecuado para la recepción de su obra. No sólo la narrativa, desde *Reivindicación del conde don Julián* (1970) hasta *Las semanas del jardín* (1997), concita cultivadas incomprensiones entre los paisanos del autor; también es objeto de menosprecio y velada censura su ingente, reflexivo y argumentado esfuerzo por recuperar una memoria saqueada y extirpada de España a lo largo de cinco siglos de monolitismo nacionalcatólico.

Ajeno a las tácticas maniobreras que animan a los gestores del veloz tiovivo, Goytisolo ha jugado siempre poniendo las cartas sobre la mesa. La lectura de su obra narrativa y ensayística, sin embargo, permite comprender mejor por qué desde algunas cátedras universitarias y tribunas críticas de España se desatienden o silencian, junto con aquélla, las ideas y convicciones de este autor. De éstas, hay dos que quiero destacar aquí brevemente. Ambas vertebran un pensamiento que admite el epíteto, caro al autor, de «mitoclasta», y concitan lógicamente el rechazo de los «opinómanos» de cualquier pelaje, para decirlo con otra acertada (y acerada) etiqueta goytisoliana.

«La mirada de los demás forma parte del conocimiento integral de nosotros mismos»: ésta es una de las formulaciones que da Goytisolo a la primera de esas ideas. En *Ferdydurke,* Gombrowicz expresa algo parecido con la mordaz frase: «El hombre depende en grado sumo de su reflejo en el alma de otro, así ese otro sea un cretino.» Aparentemente es una idea inocua, de escaso relieve, casi un lugar común. Pero Goytisolo, que tiene la rara virtud de ser un pensador obsesivo y tenaz a la par que coherente, la lleva hasta sus últimas consecuencias: la reivindicación franca del mestizaje e hibridación culturales y el concomitante rechazo de los esencialismos y casticismos. Idea que parte de una constatación:

> La historia nos enseña que no existen esencias nacionales ni culturas intrínsecamente puras como sostenían los cristianos viejos y sostienen los ultranacionalistas de hoy. (...) La irrupción de lo heterogéneo es a la vez el espejo en el que nos vemos reflejados y un incentivo imprescindible. Cuanto más viva sea una cultura, mayores serán su apertura y avidez respecto a las demás. Toda cultura es a fin de cuentas la suma total de las influencias que ha recibido[6].

La apertura de Goytisolo a la cultura islámica y la lengua árabe ha sido, sin duda, un factor primordial en la conformación y consolidación de esta idea. Pero no nos engañemos: tampoco cabe duda de que si Goytisolo se hubiese limitado a aplicarla a terrenos foráneos —como lo ha hecho, sin ir más lejos, denunciando en *Cuaderno de Sarajevo* (1994) y *El sitio de los sitios* (1995) la bárbara limpieza étnica perpetrada por los enardecidos nacionalistas serbios en Bosnia— nadie en este país se habría ofuscado por ello. Ahora bien, este autor ha dedicado unos treinta años, desde la época en que preparaba la publicación de *España y los españoles* (1969) y escribía *Reivindicación del conde don Julián,* a llevarla a un terreno minado: el de la impugnación de los dogmas erigidos en verdades eternas por la historiografía tradicional española y el desvelamiento de lo que ésta había logrado y logra aún ocultar: que España es la única nación europea que conoció a lo largo de más de ocho siglos la convivencia de

---

[6] Juan Goytisolo, «El legado andalusí: una perspectiva occidental», *Cogitus interruptus,* Barcelona, Seix Barral, 1999, pág. 147.

las tres civilizaciones monoteístas, la cristiana, la islámica y la judía, y que esta convivencia ha dejado fértiles y perdurables huellas en su cultura, sus tradiciones y su lengua. Haciendo lo cual Goytisolo traspasó la frontera intangible pero real que separa los mitos oficiales de la compleja realidad histórica de España que éstos han cumplido y cumplen aún la función de velar y censurar, para adentrarse en una tierra de nadie hollada antes que él por Américo Castro. El descubrimiento del mudejarismo de las grandes obras literarias del medievo español —del *Libro de Buen Amor* a *La Celestina*— y la necesidad de incorporar a la lectura de *El Quijote* o de la mística española, para una cabal comprensión de estas obras, el contexto real de fanática persecución y censura en que les tocó vivir y sobrevivir a sus autores, permitió a Goytisolo, como él ha señalado en más de una oportunidad, redescubrir la literatura española y reconciliarse con ella. En este terreno, como en otros, Goytisolo ha demostrado ser el mejor intérprete del pensamiento de Américo Castro —algo a lo que la etiqueta «neocastrista» utilizada por Michael Ugarte no hace enteramente justicia—, para quien la característica más señera de las letras y la civilización españolas es su «matizada occidentalidad» y la pervivencia de su rico legado semita. Escribe Goytisolo: «Aun en mis épocas de mayor distanciamiento físico y moral de mi país la obra de Castro me ha reconciliado con él, trayendo a mi corazón y memoria aquel "bien está que fuera su tierra" del bellísimo y hondo poema de Cernuda»[7]. El precio que paga en España este escritor por su aceptación de las tesis de Castro y su ahondamiento en ellas es, las más de las veces, el muy español «ninguneo». No sin razón cita Goytisolo en uno de los textos de *Cogitus interruptus* la melancólica frase del escritor Predag Matvejavich, «ayer yugoslavo y hoy croata»: «No es fácil expresar la pertenencia en forma de negación»[8].

La otra idea cara a Goytisolo es, para resumirla con una imagen del autor, la del árbol de la literatura. Ésta es otra de esas ideas aparentemente banales que suscitan, no obstante, las más viscerales reacciones defensivas. Puede formularse de muchas maneras, y antes de Goytisolo lo han hecho, con mayor o menor ventura, espíritus tan dispares como E. R. Curtius, Paul Valéry, T. S. Eliot y Jorge Luis Borges. Todo escritor, viene a decir esa idea, busca y crea su propia genealogía, traza juntamente con la tinta de sus escritos el árbol genealógico que la vuelve visible, inteligible. Más aún: no hay, no puede haber eso que llamamos literatura —yo agregaría, a secas, pensa-

---

[7] Juan Goytisolo, «La imaginación histórica», Prólogo a *El epistolario (1968-1972). Cartas de Américo Castro a Juan Goytisolo,* Valencia, Pre-Textos, 1997, pág. 14.
[8] Juan Goytisolo, «Escritor sin mandato», *Cogitus interruptus,* ob. cit., pág. 72.

miento— sin la asunción plena de una tradición. No de una tradición institucionalmente impuesta, sino de esa otra que el escritor se forja, a menudo en soledad y contracorriente de sus contemporáneos, partiendo de la plena asunción vital de unos determinados valores morales. La literatura, sí, es un acto ético, quizás el más alto de todos.

Puede que algunos tengan por exageración la denuncia pertinaz e implacable que Goytisolo hace de los vicios y cortedades de la crítica literaria española y, en general, del espectáculo que ofrece la cultura en su país natal: el de la cultura convertida en vacuo espectáculo, donde el juicio crítico ha sido sustituido por crasos intereses gremiales. Basta, en realidad, con echarse a la cara lo que se escribe semana tras semana en las más reputadas tribunas periodísticas para comprender que, en algunos casos, Goytisolo peca aún de ecuanimidad. Recientemente, el principal responsable del suplemento literario más reputado de este país se permitía, desde su oracular columna, perdonarle la vida a Jorge Luis Borges, no sin antes haber calificado la prosa del argentino de «mentalmente británica». Ignoro que la prosa pueda ser mentalmente algo; aún más, reconozco que no sé qué cosa pueda significar el que una prosa lo sea. Pero se escriben y publican cosas más preocupantes en el «país de todos los demonios», como caracterizó Jaime Gil de Biedma a España, en una célebre sextina. Así, un estimable y estimado crítico saludó el Premio Nadal 1999 a Gustavo Martín Garzo con una frase que merece ser citada: «Martín Garzo, como todo buen escritor, no pertenece a ninguna tradición narrativa ni se le puede identificar con ninguna dirección contemporánea.» Juicio sorprendente, que anula de un plumazo la esencia de la modernidad literaria de este siglo, de Joyce y Musil a Danilo Kis y Juan Goytisolo. Decía Pushkin: «El estado de la crítica denuncia de por sí el grado de cultura de toda una literatura.»

La mirada del otro como fuente del propio conocimiento, el árbol de la literatura: éstas son las dos figuras que va trazando con mano firme Goytisolo en sus escritos. En estos tiempos de recrudecimiento de las intolerancias y de cultivada desmemoria, son una indispensable bomba de oxígeno.

¿La agonía de Franco? Políticas culturales de la memoria en la democracia

Cristina Moreiras

> There is no document of civilization which is not at the same time a document of barbarism.
>
> Benjamin

> We live both haunted by the primal scene and with the threat of the terminal phase hanging over us. And this latter is in fact characterized by the resurrection of all demons of the primal scene, which no progress or historical revolution has disarmed, just as the germs and viruses which were thought to be buried revive one by one in the terminal phase of illness.
>
> Baudrillard

Narrativas hegemónicas, narrativas residuales

«Han tenido que pasar veinte años para que la muerte de Franco dejara de ser un misterio.» Sólo después de dos décadas el equipo médico a cargo durante la enfermedad y agonía del Jefe del Estado español decide romper un pacto de silencio que había establecido con la familia y el Gobierno sobre los siniestros meses que duró la lenta y costosa transición de Franco a la muerte. Así se abre el documento de investigación de la cadena de televisión Antena 3 cuyo objetivo, como nos informan, es explicar «el lado más ocuro de este misterio»: «¿cómo murió verdaderamente Franco y, sobre todo, por qué tardó tanto en morir?»[1].

Sin embargo, y a pesar de que el documento quiere ofrecer una justificación documentada de este pacto de silencio, no sorprende notar que en su decurso se limita a explicar, a partir de imágenes in-

---

[1] *Así murió Franco. Documentos de Investigación,* Antena 3 TV, 1998

éditas e informes que nunca habían visto la luz, el alargamiento de la agonía del general, debido fundamentalmente a la «propia dinámica de la enfermedad», pero dejando otra vez en el misterio las razones políticas (o de cualquier otra índole) de un silencio que duraba veintitrés años. En esta medida el documento, cuyo guión le debemos a Victoria Prego, si bien es excelente en su aspecto informativo, peca de no proponer hipótesis, de no interpretar social, histórica y/o culturalmente el ocultamiento que, desde las esferas públicas, se da en torno a los últimos meses de vida del que ha sido durante casi cuarenta años la figura que dominó y controló las vidas de los ciudadanos de España.

Esta escena de la vida democrática española es ejemplar de los procesos de silenciamiento que dirigen la transición a la democracia, y aún la democracia misma, en la medida en que confirma una práctica que, desde la misma muerte del dictador, se instaura en el país en torno a la historia reciente de España: la borradura de un pasado que se empeña en perderse en una lógica de la desmemoria y que, desde la oficialidad institucional, se instala en el colectivo nacional bajo la premisa de una imperativa necesidad de abrirse a una nueva realidad que nada tiene que ver con su anterior. El documento, por tanto, se hace eco y reproducción de una política de ruptura con el pasado que se inaugura en el mismo momento de la muerte de Franco y que prevalece durante los años de la Transición y en los años de la ya totalmente instalada democracia española. Es, como ya dijo Gregorio Morán, la primera etapa de un proceso de desmemorización colectiva encaminado a iniciar y mantener el encubrimiento del pasado (75)[2].

Traigo por tanto a colación este episodio de silenciamiento en la medida en que me parece un documento cultural ejemplar para seguir pensando, después de 25 años del final del franquismo, una de las cuestiones que había inagurado la democracia española y que, en mi opinión, sigue siendo de importancia fundamental. ¿Supone este período, la transición a la democracia, un proceso de continuidad con el régimen que le precede, la dictadura franquista, o supone la total ruptura con él y, en consecuencia, se asienta sobre nuevas formas políticas, sociales y culturales? La pregunta se hace pertinente en la

---

[2] Dice Morán: «El proceso de la transición a la democracia no obligaba a extirpar la experiencia personal. Sólo era una sugerencia de obligado cumplimiento si se aspiraba a ser socialmente reconocido. Convenía clandestinizarla; no servirse de ella más que en lo privado, en el círculo de lo íntimo. Nunca en público y con exhibición so pena de romper el consenso social, intelectual y político. Apelar a la memoria histórica, desde el momento en que no había colectivo memorizador, podía considerarse una muestra de ambiciones desestabilizadoras o asociales, inquietantes para el precario equilibrio de una democracia frágil» (76).

medida en que esta problemática está íntimamente unida al proceso de construcción cultural de la historia o al modo en que la historia se hace parte, o se excluye, de las narraciones culturales contemporáneas después de la muerte de Franco. Pero si bien la transición española se erige sobre un proceso de desmemorización colectiva que inicia el encubrimiento del pasado (Morán) y cuya consecuencia más obvia será la negativa a realizar una revisión histórica e intelectual del franquismo tanto desde el ámbito de la historia y las ciencias políticas como de la literatura y el cine, surgen de forma paralela a este proceso de amnesia colectiva una serie de narrativas que ponen en evidencia la presencia de marcas residuales cuya intervención, oculta en el desarrollo narrativo de la historia, cuestiona este proceso de desmemoria y de su rotunda negativa a pensar críticamente el pasado como algo todavía integrado tanto en el espacio público como en el imaginario social. Estos niveles residuales, restos que la memoria ha desechado, escapan a la historización desde la instauración de una política cultural que impone como su deseo hegemónico la construcción de narrativas destinadas a articular nuevas subjetividades y nuevas maneras de testimoniar una realidad presente sin lazos afectivos o ideológicos con el pasado pero que, sin embargo, intervienen significativamente como espacios marginales donde se producen importantes núcleos de saber. En este sentido, si bien es cierto que el imaginario social se va así conformando a esta necesidad de relatar un presente sin historia cuyo deseo motor es constituirse a sí mismo como origen o espacio fundacional, también es cierto que los restos dejados afuera articulan una narrativa en que se puede leer una historia que no ha sido contada. Estos residuos ocultos y no simbolizados, impensables desde las políticas culturales, van dejando así estelas incorpóreas (no inscritas en la narrativa, pero contenidas en sus intersticios) que surgen a modo de fisuras sin suturar cuyas cicatrices se imprimen con fuerza desestabilizadora. Son textos pues que, acogiéndose a la necesidad colectiva de silenciar un pasado que se vive como traumático, inscriben simultáneamente, en su silencio, la huella de ese trauma reprimido en la narrativa. De este modo, la experiencia del sujeto contemporáneo que estos textos simultáneamente desmemoriados y traumatizados hilvana viene atravesada por el conflicto irresuelto que produce un afecto indecible e impensable, el de una historia que quiere ser enterrada en el olvido.

El trauma a que me refiero no es únicamente la inasimilable pérdida de un objeto cargado de afectos antagónicos (la desaparición del dictador y su aparato ideológico de poder) sino también el propio proceso de represión que da lugar al «olvido» del objeto traumático en la medida en que es este proceso el que establece los elementos sustitutorios a través de los que toma cuerpo la narrativa fundacional de la «nueva» realidad democrática. El carácter dual que entraña este proceso represivo constituye así la muerte del dictador y la desaparición del franquismo en escena primaria de la transición (tachada de la realidad), es decir, en una estructura afectiva y simbólica cuya violencia originaria debe ser borrada de la historia para dar entrada a una memoria deshistorizada capaz de constituirse en el imaginario colectivo como el origen de una nueva realidad prometedoramente moderna y europea y, en consecuencia, libre de un pasado paralizante y fundamentalmente perturbador.

Los textos culturales de la democracia española que se analizan en este trabajo se presentan, entonces, irremisiblemente afectados y unidos a esta escena primaria desde una posición traumatizada, reprimida, abriéndose en sus entramados narrativos a los efectos que la represión inscribe en sus procesos de historización de las experiencias de los sujetos contemporáneos. Los textos se sitúan así respecto de él y, a partir de la posición afectiva e ideológica que adopten, articularán un deseo de (re)construcción de la escena reprimida o un deseo de construcción de una escena sustitutoria. El análisis de dos películas producidas en 1985 y 1986 respectivamente, *La mitad del cielo* y *Tras el cristal* y de la novela de 1989 *Las edades de Lulú* quiere asentar las bases a partir de las cuales emerge y se articula, en la primera, la narrativa hegemónica que dirige la «nueva» cultura de la Transición como la de pérdida de la memoria histórica y a partir de ella como el deseo de construir nuevas narrativas fundacionales y, por otro lado, en las otras dos, el quiebre y desestabilización de esa narrativa por la emergencia en sus márgenes de los deshechos históricos que su tachadura —en su prohibición de ser historizados— encripta como marca de trauma y cuyo estado de emergencia residual señala hacia la supervivencia de memorias pasadas como su fundamento. En este sentido, *La mitad del cielo* se trabaja en las siguientes páginas sobre la idea de que su construcción narrativa está destinada a historizar la formación de las narrativas en poder y las pautas culturales que éstas imponen, mientras *Tras el cristal* y *Las edades de Lulú* desvelan en la construcción de la suyas un exceso que no ha sido pensado o simbolizado y por cuya razón se expulsa de esas narrativas hegemónicas. Lo expulsado, parecen proponer los textos de Villaronga y Grandes, recorre sin embargo el presente desmemoriado de la transición española a la democracia como una suerte de *acting-out* en que se inscribe, sin palabras, sin desplazamientos sintomáticos, pero en un puro acto que por eso mismo es todavía más transgresor, un estado de «duelo en suspenso, inacabado, tensional» (Nelly Richard, 35) que apela a una fundamental imposibilidad de sutura y de cierre con su pérdida. En este sentido, Gutiérrez Aragón construye una nueva escena de la fantasía para una nueva España democrática, mientras que Villaronga y Grandes reproducen una escena ya instalada, pero obliterada, en el imaginario cultural. Pero toda escena primaria es una reconstrucción retrospectiva, un relato de experiencias y afectos indecibles e indecidibles ontológicamente (Lukacher, 24). Lukacher mantiene que la narración de la escena primaria se sitúa en «[un] espacio diferencial entre la memoria histórica y la construcción imaginativa, entre la verificación de archivo y el juego de la libre interpretación... [y que] describe el *impasse* interpretativo que emerge cuando un lector tiene buenas razones para pensar que el significado de un texto es históricamente dependiente de otro texto o de una serie de criterios que han pasado previamente sin noticia» (24). En este sentido, si aceptamos esta afirmación, tendremos que concluir que la escena primaria que funda las políticas culturales de la democracia española, y que conforma ese espacio diferencial entre memoria e imaginación, se desvela sólo a partir de una reflexión crítica sobre la tensión que produce en el imaginario colectivo la muerte del dictador y las articulaciones culturales de borradura y (re)construcción que se producen por la negativa o la imposibilidad de asimilarla simbólicamente[3].

Las narrativas hegemónicas de la transición se proponen al amparo y protección de etiquetas como «nueva literatura» (o «novela

---

[3] La frase que mejor expresa este proceso del imaginario español es la que Juan Goytisolo le regala a Randolph Pope en una entrevista sobre la significación que la muerte de Franco tiene en su vida y en su obra: «Todo lo que soy se lo debo indirectamente a él [a Franco] y fue importante para mí expresar en mi trabajo esa relación deformada que tuve con el dictador a quien creía inmortal, *porque no me podía convencer que su muerte era posible* (traducción y cursivas mías, 118). Es importante matizar aquí que existe toda una producción cultural importante que también toma como su momento fundacional, o escena primaria, los efectos y afectos que desencadena la muerte del dictador pero que se diferencia radicalmente de la que este trabajo analiza en que ella acepta reconstruir este evento histórico como tal escena primaria. Son producciones que parten del deseo de pensar críticamente la realidad democrática presente en su relación abiertamente traumática con el pasado y que, en consecuencia, no quieren ocultar las zonas de tensión que tal trauma pone en la superficie. Me refiero, por ejemplo, a los trabajos autobiográficos de Juan Goytisolo, a ciertas novelas de Vázquez Montalbán *(El pianista,* sobre todo), a películas como *Taxi* de Carlos Saura o a los escritos de Lidia Falcón. En mi opinión, éstos son textos que corren paralelos, contemporáneos, a las narrativas hegemónicas de la transición, pero sin formar parte de ellas en la precisa medida en que se constituyen como textos del trauma; textos que, recogiendo y revisando el pasado histórico, establecen su deseo como el de hacer significar, en la escritura, el trauma y ofrecer desde ella un testimonio de la experiencia del sujeto contemporáneo. Los textos a que me refiero en este trabajo no son textos del trauma sino, al contrario, textos que, si bien traumatizados, se quieren desligar de cualquier posibilidad traumática mediante un violento desplazamiento. Textos de represión, por tanto.

del cambio», como la denomina Ana María Spitzmesser) o «nuevo cine español» y son catapultadas a la escena cultural como indisociablemente unidas a las políticas de mercado y consumo y a un presente deshistorizado cuyo deseo constituyente es la apertura e inmersión de España en Europa. Este deseo, y de algún modo necesidad, de cancelación del pasado (que se produce tanto a nivel de contenidos históricos como de patrones de comportamiento o afectos) es así uno de los deseos que genera más zonas de tensión ideológica, política y cultural en la medida en que ciertos procesos simbólico-culturales que se construyen bajo el signo de la borradura (por ejemplo, los procesos de construcción de identidades colectivas o privadas, de género o de ciudadanía, o representaciones de la experiencia de un sujeto contemporáneo sin lazos de pertenencia a un espacio histórico colectivo) emergen como síntomas donde el sentido colapsa. El lugar de saber al que apunta el texto borrado de la cultura de la transición (el texto omitido de la memoria histórica) es siempre y sobre todo por esta razón fantasmático, residual, al margen del discurso simbólico, encriptado como huella traumática irreconocible y que sólo podría ligarse a su significación o sentido mediante el desvelamiento de lo que aparece como omitido en los textos de la razón cultural. Son textos en definitiva que, si bien novedosos, originales incluso, en su temática, en sus construcciones identitarias y en sus escrituras desmemoriadas, aparecen trabados, a su pesar, en un imaginario que recuerda (y reproduce) con perfecta similitud otros textos anteriores que no quieren ser recordados pero que emergen como fuerza interferente en la construcción crítica de sus escenas primarias. Y aun presentándose como textos olvidadizos (en la medida en que se instalan como síntoma de una nueva cultura), muestran en sus huellas residuales, en sus entramados estructurales, en sus escenas afectivas, pero nunca en sus construcciones narrativas, la marca impensable de una anterioridad todavía lacerante. De algún modo son textos nacidos bajo la política del consenso pero cuya región crítica desestabiliza su narrativa dominada aparentemente por un lenguaje plano y transparente, sin fondos ni transfondos (Richard). Son textos, finalmente, que desarticulan el deseo consensual sólo capaz de «referirse» a la memoria, nunca de «practicarla»[4].

---

[4] Dice Nelly Richard refiriéndose a la transición chilena: «Pareciera entonces que el consenso político es sólo capaz de "referirse a" la memoria (de evocarla como tema, de procesarla como información), pero no de *practicarla* ni tampoco de *expresar sus tormentos*. "Practicar" la memoria implica disponer de los instrumentos conceptuales e interpretativos necesarios para investigar la densidad simbólica de los relatos; "expresar sus tormentos" supone recurrir a figuras de lenguaje (símbolos, metáforas, alegorías) suficientemente conmovibles para que entren en relación solidaria

Los residuos que no se quieren pensar, que se silencian en las nuevas escenas narrativas y culturales —envueltas en el *glamour* del espectáculo, en el goce del mercado y el consumo, en la política de las identidades— emergen entonces, siempre desde el margen de la historia, como zonas de tensión que producen quiebras en la producción cultural de los 80 y los comienzos de los 90. Aparecen en las narrativas que la ideología espectacular mantiene fuera de su construcción de sentidos como trazos violentos que si bien son cita de violencias anteriores, como sería el caso de *Las edades de Lulú* y de tantos otros textos, no dejan de constituirse sin embargo como marca de historia borrada que, en su ominosa repetición, señalan hacia una imposibilidad de sutura[5].

Si, en consecuencia, la cultura de la Transición comienza su andadura con un proceso de escritura de construcción de narrativas hegemónicas (que le confieren una incuestionable originalidad y unas señas de identidad propias) cuyo objetivo es cancelar el pasado (la escritura de sutura de Vilarós) para silenciar la escena primaria que le da origen (la muerte del dictador y la imposibilidad de realizar su duelo) propone con ellas una nueva narrativa de la fantasía, a través de la cual se conforma una también particular superficie de representación y un entramado ideológico sobre el que se inscriben sus relatos culturales y los marcos en que se constituyen. La consistencia de esta superficie de escritura, de esta escena, viene entonces marcada por los valores simbólicos e imaginarios que quieren ser destacados como señas de identidad de esta realidad desligada de su

---

con la desatadura emocional del recuerdo. El consenso que reprime esta desatadura emocional del recuerdo sólo nombra a la memoria con palabras exentas de toda convulsión de sentido, para no alterar el formulismo minuciosamente calculado del intercambio político-mediático.» (30)

[5] Teresa Vilarós habla de dos tipos de textos que se producen simultáneamente durante la Transición. El primero, la escritura de sutura, «amparada y promulgada desde las varias y diversas tribunas públicas. Nada quieren saber de quiebras o caídas, ocupada como está en recomponer la rota herencia histórica dejada por el dictador, repleta de faltas y desconocimientos múltiples. El segundo es el de la escritura de la adicción. Subtexto del primero, circula subterráneo y se hace visible sólo en los espacios, en los lapsos producidos por la sintáxis escritural histórica» (115). En este sentido, y esto es lo que este trabajo quiere hacer obvio, la propia escritura de sutura, la que como bien dice Vilarós se llena de desconocimientos y faltas, recoge su propia imposibilidad de suturación como marca de origen. El deseo de sutura viene precedido irremisiblemente por una herida, una rajadura que ha desgarrado el tejido. Ésta es la que se quiere cerrar. Y su cierre siempre queda como marca o recuerdo de la herida. Ya cerrada, desaparece, pero en el lugar que deja su desaparición, señalándola constantemente, emerge su cicatriz. De ahí surge precisamente la tensión que guía la construcción de la historia cultural de este período y que se ejemplifica, creo que de excelente manera, en una novela como *Las edades de Lulú,* en su calidad de producto de la «nueva narrativa española» (texto supuestamente de sutura) y a la vez, texto que marca la cicatriz de la sutura y la memoria de la herida.

historia al mismo tiempo que contiene el conjunto de estructuras culturales, afectivas e ideológicas a través de las cuales se produce la exclusión de una genealogía que la precede y a la que en su silenciamiento se violenta haciéndola emerger a modo de residuo o resto marginal al que se le niega, desde la cultura del espectáculo y desde la superficialidad de la posmodernidad, la posibilidad de historizarse[6].

De este modo, la duplicidad que entrañan estas narrativas (por un lado, portadoras de los valores universales de un momento cultural determinado, el de la Transición, y que forman la articulación según la cual se construye la memoria histórica del presente y, por otro lado, portadora simultáneamente de las ambigüedades y tensiones que organizan lo dejado fuera) pone en evidencia la quiebra que se abre en la producción del saber, en esa razón social establecida en torno a una desmemoria (el horror del franquismo) que se instaura como tal por entrañar el recuerdo de una pérdida cuyo afecto no se puede manejar.

NARRATIVAS DE LA DESMEMORIA

Pero antes de pensar esos espacios residuales a que da lugar una práctica de la (des)memoria y de la borradura del pasado, me gustaría trazar el modo narrativo, la construcción cultural de la «practica de la desmemoria» que se instaura como el discurso cultural «oficial» de la España democrática.

La mitad del cielo sale a los escenarios en 1986. Su director, Manuel Gutiérrez Aragón, ya cansado de lidiar con fantasmas y monstruos que pertenecen al pasado y que no le reportan el favor del público, propone en este filme precisamente la borradura de la historia, el matar para siempre sus fantasmas, como la única posibilidad que España tiene de entrar en la modernidad[7]. El olvido, la desmemoria

---

[6] Sobre la cultura del espectáculo y la posmodernidad, véase *Society of Spectacle* de Guy Debord y *Postmodernism or the Cultural Logic of Late Capitalism* de Fredric Jameson. En relación directa con España, véase *Después de la lluvia* y *España, miradas fin de siglo* de Eduardo Subirats.

[7] Teresa Vilarós ha mostrado magistralmente, a partir del cuidadoso análisis de las películas que salen a escena entre 1976 y 1980 el profundo interés que Gutiérrez Aragón tiene en presentar una reflexión crítica sobre la España presente y sus lazos con la historia franquista a partir precisamente de traer a la pantalla los fantasmas del pasado. Vilarós introduce las películas con el iluminador comentario: «Y sin embargo, y a pesar de la relativa incomprensión hacia ella en su momento, la arrebatada y fantasmática trilogía de Gutiérrez Aragón representa una de las mejores vías de entendimiento de la ambigua y violenta transición española en los primeros años de su andadura, pudiéndose afirmar que es precisamente gracias al acercamiento

se van constituyendo en el avance de la narrativa de *La mitad del cielo* como la solución al conflicto que suscita el encuentro problemático entre la modernidad y la comunidad premoderna, entre una modernidad que no tiene espacio para incluir sus marcas de identidad pasadas y una premodernidad que se vive como elemento de atraso y de estancamiento, y que por tanto paralizaría la apertura de España a su nuevo destino, Europa.

La película cuenta la historia de una mujer campesina, Rosa, que debe dejar su pueblo cántabro para irse a la ciudad como ama de cría del hijo del jefe de Abastos, don Pedro. Con la ayuda de don Pedro y otros hombres que se cruzan en su camino, Rosa consigue primero abrir un puesto de casquería en el mercado y, más adelante, un restaurante que se convertirá en centro de reunión importante de la clase política de los primeros años de la Transición. A lo largo de su traslado a la ciudad y de su ascenso social (que la película se esfuerza en recoger con gran detalle realista), Rosa está acompañada por su hija Olvido y las mujeres de su familia, entre las que ocupa una posición de especial importancia su abuela. Olvido toma su nombre de ella y de ella, tanto Rosa como su hija, reciben una especial herencia, la capacidad de conocer el futuro, que les permite enfrentarse al sistema patriarcal que mantiene a la mujer sumisa al poder masculino y transgredirlo. La trama, por tanto, se estructura a modo de *Bildungsroman* a partir del cual se va presentando la construcción de Rosa como mujer y como trabajadora en el contexto de la posguerra y de los primeros años de la posdictadura, al mismo tiempo que se fija en las renuncias que ésta tiene que hacer (y que impondrá a su hija) para que el éxito social (un lugar en el mundo) se produzca.

Desde una duplicidad narrativa que viene dada por la simultaneidad de un marco realista y otro mágico-realista, el filme construye su historia a partir de la convivencia y las relaciones entre cuatro generaciones de mujeres unidas por lazos familiares. Resulta significativo notar ya desde el comienzo que el relato deja fuera, sin embargo, a una de estas mujeres, la madre de Rosa. Ella es la mujer del franquismo, la que lleva la marca de la herida producida por la experiencia de la guerra y cuya presencia es silenciada y traída al relato sin marca nominal de identidad; su inclusión en el desarrollo de la historia sólo se realiza a modo de presencia marginal, sin afectos que mostrar o historias que contar. Única mujer débil del relato (además de las hermanas de Rosa, cuyo fracaso se presenta como su incapaci-

---

desplazado, a la alegoría intrincada y a la rotura sintáctica desechadas más tarde por Gutiérrez-Aragón por las que pudo el director fabricar una parcial vertebración lingüística, un esquema o esqueleto del lenguaje que nos hizo posible percibir o semiatisbar la violencia reprimida en los fondos del agujero transicional» (136).

dad de adaptarse a un mundo en transición y, por tanto, de intervenir en él de manera positiva) se hace de ella la marca más obvia del olvido que la narrativa fílmica está tramando en su devenir. Rosa, por su lado, encarna un presente luchando por abrirse paso, impulsada por el deseo de hacer de sí misma y de su tiempo los protagonistas de la historia. La suya se articula como la historia del ingreso de la mujer en el campo de la producción laboral y de las dificultades que la consecución de su éxito tiene que atravesar. Su éxito viene marcado precisamente por su establecimiento como nueva fuerza social en un mundo dominado por el hombre y cuya mayor dificultad no procede tanto de sus problemas para abrirse un espacio y una identidad como mujer productora (que consigue siempre mediante la ayuda de diversos hombres) como por la persistencia, más allá de la muerte, de unos lazos afectivos que la mantienen anclada a un pasado ancestral y paralizante. La abuela Olvido, figura fálica que fuma cigarros y orina como un hombre, desde su posición de matriarca, nutre y fortalece el cuerpo y los deseos de Rosa. Ella es la depositaria de la sabiduría popular, de los secretos de la vida y la muerte, y de la fuerza de la naturaleza, elementos con que transmite a su nieta y, más adelante a su biznieta, el poder de la tradición y la fuerza de la comunidad premoderna pero que simultáneamente retrasa, precisamente por su vinculación al pasado, el crecimiento social y personal de la protagonista.

Cuando Rosa tiene que dejar el pueblo a causa de la muerte de su marido se va a Madrid con su hija Olvido y allí, en una réplica inevitable de la abuela, alimenta con su leche al hijo de la España moderna y, desde su restaurante, a la propia España (que vive su momento de transición a la modernidad industrial, tecnócrata y urbana) representada tanto en la figura del Jefe de Abastos (último coletazo del «viejo orden» en vías de extinción) y en la nueva clase política, «la generación del relevo», ambas conviviendo armoniosamente en un presente cargado de promesas. Pero tras ella, en su traslado a la urbe moderna, se vienen a la ciudad la fuerza de la tradición y los fantasmas de la aldea premoderna que pujan por mantenerse vivos aun a pesar de la resistencia que la propia Rosa mantiene hacia ellos. La abuela (que primero viene a la ciudad acompañando a su hija y sus nietas, por haber sido expulsadas de la casa rural por un padre que ya no tolera tanta presencia femenina inútil) se deja morir, una vez instalada en la ciudad, a petición de su nieta, quien quiere que deje de intervenir en su historia y en la de su hija[8]. Sin embargo, en

---

[8] Ésta será la primera salida de escena de la abuela. Cuando Rosa le dice que ella y las otras mujeres deben regresar al pueblo y dejarla, hace un atillo con sus cosas y,

una insistencia a no desaparecer del todo, retorna a su vida en condición de fantasma, como aparición espectral a su biznieta Olvido. Dota a ésta, como antes había hecho con la propia Rosa, de sus poderes ancestrales de adivinar el futuro y controlar el presente. Pero también el espectro de esta figura maternal tendrá que desaparecer cuando la presión de un presente que se niega a avanzar hacia la promesa de futuro con su lastre espectral (y que Rosa prevé en la conducta inquietante de la niña Olvido), le gane la partida mediante la sustitución del regalo de la abuela (sabiduría, control y poder) por los objetos que representan la esperanza de la modernidad (encarnados en avalorios materiales y en la inscripción del nombre en el mercado del trabajo). La herencia de la bisabuela, su sabiduría y su afecto, su capacidad de controlar las fuerzas de la naturaleza, es reemplazada así por el regalo de la madre, un collar y unos pendientes, cuya ofrenda y su aceptación conllevan la total renuncia de la madre a la felicidad y de la niña a mantener vivo un discurso que la dota de poder y que recibe desde los orígenes de la historia[9]. La total renuncia de Rosa a su pasado y a perseguir su afecto (y que por tanto la obliga a deshacerse de su historia tanto como de un afecto que la mantiene anclada en una posición social precaria), propicia la entrada y la instalación de lo que la narrativa articula como su deseo motor, es decir, el éxito social y laboral de Rosa que a su vez es también, el éxito de la siguiente generación, Olvido. De este modo, la entrega del regalo a la hija (significativamente, un regalo que apunta hacia la primacía de la sociedad de mercado sobre los afectos), y el olvido que éste implica, se convertirán en el *token* a partir del cual la película avanza hacia el desenlace final en que se instaura definitivamente el éxito en la esfera social como el promotor de la formación del sujeto histórico y por tanto, como portador de una estable marca identitaria, «Rosa, la restauradora.» Así, la formación del sujeto histórico se produce so-

---

caminando por el asfalto de la carretera, dejando a sus espaldas la gran ciudad y su abarrotado tráfico, se va al pie de un riachuelo, donde se deja morir. La encontrarán días después cuando al aparecerse a modo de fantasma a la niña Olvido le diga donde encontrarla.

[9] Quizá sea ésta una de las escenas de mayor fuerza de la película; en ella presenciamos a Rosa vistiéndose para celebrar la boda de su novio y a su hija Olvido acompañándola mientras se prepara. Después de escuchar a Olvido decir, refiriéndose a Juan, el novio de Rosa, «qué pena, tan guapo y va a morir tan pronto», (en un eco exacto de las palabras que la abuela había pronunciado sobre su marido) decide no casarse con él e instigarle a casarse con otra mujer a quien ella misma entregará como madrina. En esta escena vemos a Rosa ponerle a la niña Olvido un collar y unos pendientes que ella acepta con una sonrisa (a pesar de que en una fiesta anterior su bisabuela le había dicho que llevar demasiadas joyas era de nuevos ricos). Cuando Olvido, llevando encima el regalo de su madre, se calza los zuecos para encontrarse con su bisabuela, ésta sólo aparece para hacer su salida definitiva.

bre todo impulsado por la necesidad de una renuncia total al pasado cuya consecuencia más importante —por lo demás aceptada pasivamente por Rosa y sin un gesto de duda por Olvido— es la instalación y primacía de un presente vaciado de afecto (la expulsión de la abuela y de Juan) y que se erige ya como la única herencia posible y válida que la madre puede pasar a la hija. El futuro al que apunta la historia de Rosa, en su hija, se abre exclusivamente en la precisa medida en que se constituye como marca de borradura.

Pero si bien *La mitad del cielo* se muestra incómoda ante una realidad que se abre paso dejando al margen su anterioridad, y en esta medida incluye en sus pliegues narrativos una fundamental incertidumbre, se ve en la necesidad, una necesidad tanto afectiva como ideológica, de hacer centro de la narrativa la borradura de la historia como única posibilidad de futuro, puesto que su apertura mantiene como requisito imprescindible la destrucción de la comunidad premoderna como fuerza paralizadora[10]. Con esta desmemorización del presente y su descarga afectiva, la sociedad española, esta nueva España industrializada y urbana, se instala definitivamente en el proyecto modernizante y, como la abuela en su primera salida de escena, da la espalda a su historia y a su tradición[11].

La mitad del cielo se articula entonces bajo el deseo de ofrecer una explicación afectiva e ideológica al discurso de borradura que

---

[10] Hay varios momentos en la película que surgen como una crítica pujante ante el nuevo estado de cosas; el tono irónico que dirige la conversación entre Rosa y su abastecedor de casquería fina cuando se pasean por los arrabales de Madrid, entre despojos y suciedad, y hablan de que esto es «lo mejor de España», o de la envidia de que es objeto por ser el mayor Imperio del mundo. O cuando, en el banquete en honor al jefe de Abastecimiento por su ascenso, el representante de la generación del relevo, le dice a Rosa: «El Estado es una empresa de empresas; lo único que nosotros queremos es un cambio de gestión. El Estado debe ser limpio, hacer limpieza; el Estado es la chacha de la limpieza.» Aun a pesar de que esta afirmación se articula desde la crítica (alrededor de la imagen negativa de un personaje que además recuerda significativamente a un falangista), la narrativa de la película debe hacer caso omiso a ella para poder acceder a la conclusión final. En este sentido, *La mitad del cielo* es un texto abocado a la sumisión ante las nuevas verdades que la modernidad y la sociedad industrializada y tecnócrata pone en circulación. Es significativo, por otro lado, el hecho de que ésta haya sido la película del año con más posibilidades de viajar a Hollywood como representante de España (después de haber recibido el premio del festival de San Sebastián) y sin embargo esto no se haya producido. En relación con el contenido de crítica política, véase *El cine español de la democracia* de J. M. Caparrós Lera.
[11] La segunda salida de escena de la abuela se produce cuando Rosa, que intuye la presencia fantasmal de la abuela en la vida de su hija, le da a Olvido un collar y unos pendientes. En este momento, la abuela deja el restaurante y se adentra en la montaña cántabra, ofreciendo un breve gesto de despedida a Olvido quien, después de intentar retenerla con su llamada, se queda a la puerta del restaurante viéndola partir y aceptando con una sonrisa el gesto de despedida de su bisabuela.

domina los años de la posdictadura. Pero es en esta necesidad o deseo de explicación de donde surge también la constatación ahora ya inquebrantable de que no hay lugar en la realidad contemporánea para «practicar la memoria», para abrirle un espacio a sus fantasmas y dejarles desvelar en sus estelas una multiplicidad de significaciones, en la medida en que hacerlo supondría una paralización del desarrollo y progreso hacia el que la historia de su éxito se dirige. Es, en esta medida, un texto que testimonia un presente incómodo pero que sin embargo decide no pensar tal incomodidad (pensarla supondría abrir espacio a la incertidumbre y a la desestabilización), y aceptarla en un cierre silencioso. El desencuentro entre la historia y el presente, la necesidad de que memoria y actualidad se despidan con un breve gesto de mano, haciendo caminos que ya no se cruzan (como el plano final de la película muestra) es la narrativa que esta película propone como fundamento de la contemporaneidad y que, en mi opinión, conforma el discurso cultural que la modernidad española, a la que la transición dio entrada, abraza sin ambigüedades. La experiencia moderna se constituye así sólo en la medida en que borra su pasado.

De este modo, sólo desde un gesto preocupado ante la desmemoria histórica (gesto al que Nelly Richard alude como «referirse a» la memoria —evocarla o procesarla como información— pero no como práctica), la película se deja arrastrar en su narrativa y en el marco ideológico que ella estructura por la inevitabilidad del suceso colectivo, sin abrir espacios de reflexión a la fisura que el olvido inscribe en la cultura. Texto que podría ser considerado en este sentido como de sutura, volviéndo al concepto de Vilarós, en la medida en que se subsume a un único deseo, el devenir sujeto-para-la-sociedad, sujeto de mercado, sujeto de la modernidad, sin arrastrar consigo el lastre histórico que a su pesar sabe (y ésta es la mayor ocultación del texto) está en la base de su formación como sujeto[12]. El dominio de la aceptación pasiva, de la inmersión total en la sociedad del mercado y el consumo (que la película trabaja a partir de la metáfora de la madre nutriente), y la ausencia de una «práctica de la memoria» —no se da entrada, en ningún momento a una reflexión sobre el dolor que causa la pérdida— son los elementos que triunfan en esta narrativa y los que provocan precisamente, el éxito de sus protagonistas. De este modo, Gutiérrez Aragón entrega un texto que se subsume irremediablemente al deseo colectivo propagado por los discursos oficiales de

---

[12] Renuncia materializada, como hemos visto, en el regalo de Rosa a su hija, y narrativizada en el final de la relación entre Rosa y su novio, provocado por la misma Rosa para proteger a su hija de la influencia de la bisabuela.

la cultura de la Transición. Podríamos decir que *La mitad del cielo* constata la afirmación de Baudrillard de que nuestro presente se encuentra ante un sofisticado proceso de deconstrucción de un mundo que ya no puede contener el secreto de su fin. Vivimos, nos dice, una «historia sin deseo, sin pasión, sin tensión, sin sucesos reales, donde el problema ya no es el del cambio de la vida, que constituyó la máxima utopía, sino el de sobrevivir, que es la mínima utopía» *(The Perfect Crime,* 47). La mínima utopía, por tanto, se instaura como la impulsora de la realidad contemporánea y, en ella contenido, el silencio del olvido y la hegemonía de una memoria sin afecto.

Los dos discursos que impulsan la narración de la película, el mágico-realista (la abuela y el mundo rural y ancestral y por el que se da entrada a una marca de diferencia: la mujer como portadora de discursos de poder y control) y el realista (el que recoge el ascenso social y laboral de Rosa) se van separando, haciéndose incompatibles, a medida que se establece el deseo que gobierna la narrativa, el progreso de Rosa. En el momento en que éste emerge y se instaura como fuerza impulsora de la historia, se abre una brecha entre los dos y su antagonismo busca destituir uno de ellos, expulsarlo de la realidad. El resultado será que la marca que quiebra el realismo (discurso de desarrollo y progreso, de estabilidad) deberá subsumirse a éste y así desaparecer de la historia de un presente sólo interesado en escribirse como relato de modernidad. Lo mágico, la diferencia, lo premoderno, deviene trazo desestabilizador y en consecuencia, se expulsa de las narrativas hegemónicas. *La mitad del cielo* instala en consecuencia la primacía de la desmemoria en un presente sólo interesado en escribirse como portador de su propio origen.

RESIDUOS DE LA MEMORIA

La política de consenso que organiza la producción cultural a partir de sus narraciones hegemónicas de tachadura de la memoria y desde la homogeneización de lo diverso y plural —que de este modo pierde parte de su fuerza transgresora— presenta brechas, fisuras por las que sale a escena la urgencia del afecto cancelado. En este sentido, si *La mitad del cielo* se erigía como un texto del olvido que no se hace cargo de las consecuencias afectivas a que la expulsión de la memoria da lugar —en su deseo de adherirse a la política de consenso— *Las edades de Lulú* (1989) y *Tras el cristal* (1985) dan entrada en la escena de la realidad cultural, con fuerza transgresora, a los afectos y efectos de la memoria y del recuerdo de su olvido.

Caso ejemplar de este momento es la novela de Almudena Grandes en la medida en que su estructura y su narración establecen como soporte del relato los dos procesos que dominan la transición española. Por un lado, la estructura de repetición de la novela nos enfrenta a la pervivencia de discursos de poder que dominaban los procesos simbólicos del franquismo y que, supuestamente, han dejado de ser marca de identidad en la nueva España democrática. Por otro, el silencio narrativo del relato, su sumisión absoluta a la nueva política de identidades desde la que Lulú se hace responsable absoluta de su historia sin dejar resquicios a las influencias de su prehistoria, erige la contemporaneidad como la base única de la construcción de subjetividades. Sin embargo, la tensión que se produce por/en la simultaneidad de estos dos procesos y en su presentación en diferentes niveles de lectura (el primero necesita ser reconstruido; el segundo se relata en su propio silenciamiento) es donde se articula precisamente el espacio crítico de la novela y su profunda, aunque poco obvia, relación con la memoria histórica. La estructura de repetición que domina el texto tiende a pasar desapercibida para el lector; el silencio de la narrativa es el que concede a la novela el premio La Sonrisa Vertical, y el que la catapulta como texto ejemplar de la nueva literatura escrita por mujeres y, en consecuencia, como producto paradigmático de las nuevas políticas de identidades que el mercado moderno privilegia. La presencia de estos dos procesos es, sin embargo, la que convierte a *Las edades de Lulú* en un texto radical y fundamentalmente crítico de la cultura espectacular de la democracia.

Las edades de Lulú cuenta la historia de una mujer joven (ella misma nos la ofrece en una narración en primera persona), la historia en realidad de su despertar sexual y de los modos y maneras en que tanto su deseo sexual como el placer (o displacer) que éste le reporta se pone en marcha y se realiza. El desarrollo de las relaciones entre Lulú y su marido Pablo (relaciones basadas en el modelo de padre-hija que Pablo impone y que Lulú acepta sin cuestionamiento) se produce en torno a una estructura de afecto que marca y domina la narrativa: la dependencia y sumisión de Lulú a la figura controladora de un padre simbólico quien desde la distancia dirige y marca de modo fundamental la experiencia sexual de la protagonista. Es cierto, como han visto los estudiosos de este texto, que Lulú es la portadora de su propio discurso y la autora de su propia construcción como sujeto, que realiza impulsada por la necesidad de «inscribir su propio deseo» (Ríos-Font, 356) de sujeto. Desde él, Lulú subvierte absolutamente los modelos de sexualidad tradicionales, donde la mujer es siempre y sobre todo objeto de la mirada masculina. Sin embargo, también es cierto que Pablo, aun dejándole una aparente libertad de maniobra —desde la que Lulú vive sus experiencias sadomasoquistas— la hace regresar inevitablemente bajo su manto protector del que en realidad, sabemos al final del relato, nunca había salido: «Luchaba contra aquella certeza disfrazada de sospecha y no encontraba alternativa alguna, no existían alternativas, él había estado allí, moviendo los hilos a distancia» (257). El cierre de la novela nos enfrenta así a un efecto de (des)familiarización en la medida en que, a pesar del control de Lulú sobre su propia sexualidad, constituye una repetición, aunque con marca de diferencia, de las estructuras que el franquismo, desde su aparato ideológico, había establecido como hegemónicas. La trayectoria sexual de Lulú es en realidad un intento de, junto con la realización de su deseo, conseguir la independencia de Pablo, al que decide dejar definitivamente cuando le obliga, con los ojos cerrados, a tener relaciones sexuales con su hermano. Sin embargo, su fantasma guía la conducta de Lulú a lo largo de su viaje sexual, hasta que se ve envuelta en una escena sadomasoquista donde pierde todo control y de la que la tiene que rescatar Pablo con la ayuda de la policía. El relato del rescate es muy significativo en la medida en que la reaparición en escena de Pablo se produce con la ayuda redentora del poder (ejecutivo) del Estado. Lulú dice:

> Yo lloraba, incapaz de creérmelo todavía, una redada, una bendita redada, la bendita policía que me había salvado el pellejo... Aquellos ángeles habían tenido la bendita idea de montar una redada... y yo había salvado la piel, la había salvado, benditos sean, me repetía, bendita sea la policía madrileña, bendita por siempre jamás (252).

El reencuentro con Pablo se produce además de forma violenta, Lulú aceptando pasivamente, y pidiéndole perdón por su mal comportamiento, las agresiones físicas de su protector:

> Entonces volvió a pegarme, siempre con la mano derecha, primero la palma, luego el dorso, impulsando violentamente mi cabeza a un lado y otro, yo le dejaba hacer, agradecía los golpes que me rompían en pedazos, que deshacían el maleficio, desfigurando el rostro de aquella mujer vieja, ajena, que me había sorprendido apenas unas horas desde el otro lado del espejo, regenerando mi piel, que volvía a nacer, suave y tersa, con cada bofetada, me las he ganado, pensaba, me las he ganado a pulso (254).

El rescate, que pone fin a las aventuras solitarias de la protagonista, deviene de este modo un retorno a los orígenes puesto que Lulú regresa tanto a la protección y poder de la figura paternal como a su identidad de mujer-niña sumisa y dependiente. En este sentido, podría afirmarse que, si bien su viaje a los infiernos le ha permitido inscribir su deseo o, como dice Ríos-Font, apropiarse de la mirada y dirigir la representación ante el que mira (362), su feliz y pasiva aceptación no hace sino confirmar su imposibilidad de escapar al control de las estructuras dominantes de poder. Y aun aceptando que el final no supone efectivamente el fracaso o la destrucción de la protagonista (como Ríos-Font mantiene) sí supone la toma de conciencia de que la inscripción del deseo (en la novela realizada en la puesta en escena de las fantasías sexuales de Lulú) está indisociablemente unida a los procesos simbólicos bajo los que se construyen las subjetividades contemporáneas y que, bajo esta coyuntura, el sujeto moderno sigue encadenado a unas estructuras de poder que repiten las anteriores en la medida en que, como ellas, impiden la constitución del sujeto como autor de su propia subjetividad. La experiencia de Lulú, en consecuencia, se cierra con un retorno sin fisuras a un esquema específico identitario, mujer sometida al dominio de la ideología patriarcal, por el cual este sujeto femenino, moderno, capaz de escribirse como sujeto en el relato de la historia, no escapa finalmente a las estructuras edípicas que dominaban la escena cultural de la dictadura, ni por tanto, a una sujeción absoluta a la figura de un padre simbólico que frustra, desde su omnipresencia fantasmática, la libertad del deseo y lo mantiene firme a su sumisión.

De este modo, el texto abre en su final un espacio radicalmente crítico a su propio entramado estructural en la medida en que lo enfrenta antagónicamente a sus propias tensiones constituyentes: por un lado, inscribe en la política cultural del momento, desde el uso del relato erótico-pornográfico, tanto la formación y su éxito de un sujeto femenino como la formación y su éxito de un nuevo canon literario y, por otro, la imposibilidad de su realización desde las nuevas estructuras simbólicas sobre las que se conforman los nuevos esquemas identitarios y que supuestamente dirigen la nueva España democrática. El texto se constituye así en receptáculo de la borradura de la memoria (la experiencia de Lulú sólo es posible desde los parámetros del sujeto moderno) y de la ruptura con la historia (única que posibilita la formación de un nuevo corpus literario a partir del cual la mujer entra en la escena pública con el mismo estatus que el hombre), al mismo tiempo que desestabiliza radicalmente esos procesos simbólicos sobre los que se asienta la experiencia de tal sujeto moderno.

De este modo paradójico y ejemplar, es la propia dinámica de la borradura la que trae al texto de Grandes ciertos remanentes del pasado que se niegan a ser pensados bajo la presión de un consenso colectivo de silencio. La autora utiliza el silencio sobre el que se constituyen los restos dejados afuera para desestabilizar el contrato consensual y poner en marcha una radical revisión de las nuevas políticas de identidades que dirigen las representaciones culturales a él adheridas.

Desde las huellas residuales que el texto fija en sus márgenes, desde la omisión que cruza fantasmalmente esta narración, el relato de la historia de Lulú se abre a sus discontinuidades, a sus brechas, a sus síntomas y desplazamientos que, una vez traídos a la reflexión desde la mirada crítica que el propio texto propicia, ponen de manifiesto la sospechosa omisión que cimenta las narrativas hegemónicas de la transición. Sería por tanto adecuado repetir las palabras de Vilarós: «textos y vidas a la vez celebratorios y desencantados... dispuestos a la violencia de la ruptura y a la desarticulación. Nunca al consenso» (228). Por eso *Las edades de Lulú* resulta un texto poderosamente disturbador: no tanto por su contenido explícitamente sexual y violento (que paradójicamente es el que le convierte en texto celebratorio de la modernidad democrática), sino sobre todo por su capacidad de moverse simultáneamente en el imaginario cultural como texto de ruptura (y por ello ganador del premio La Sonrisa Vertical y buen representante de la nueva literatura canónica de mujeres) y como texto de quiebre de esa misma política de ruptura enfrentándola a sus ambigüedades y sinsentidos.

Al mismo tiempo (unos antes años en realidad) que *Las edades de Lulú* se convierte en texto paradigmático de la nueva política de identidades y recibe en consecuencia una enorme y merecida atención pública, surge en la escena cinematográfica un director que, al igual que Grandes, utiliza la violencia a modo de *acting-out* de la fantasía. Pero contrariamente al texto literario, *Tras el cristal* de Villaronga, en mi opinión una de las mejores producciones fílmicas del momento, pasa significativamente desapercibida tanto para la crítica como para los espectadores. En realidad es interesante notar que Agustín Villaronga ha sido casi sistemáticamente excluido de los múltiples diccionarios, antologías o estudios críticos sobre cine español contemporáneo, o incorporado a ellos sólo a modo de rápida mención. Su olvido, o silenciamiento, viene propulsado en gran medida por el hecho de que la película ha sido calificada de no-española bajo la excusa de tomar como referencia textos y contextos extranjeros, puesto que está basada en la novela *The Trial of Gilles de Rais* de Bataille y enmarcada bajo el referente histórico del nazismo[13].

Mi propósito es mostrar, sin embargo, que *Tras el cristal* establece una radical y profunda relación con ciertos sucesos y procesos históri-

---

[13] Sería incorrecto decir que *Tras el cristal* está completamente ausente de la producción crítica sobre cine español. Marsha Kinder, en *Blood Cinema* incluye un excelente análisis sobre ella, centrándose en la representación de la violencia y comparándola con *Pascual Duarte*. Sin embargo, ella es una de las pocas que le concede algo más que una rápida mención. Véase Marsha Kinder, *Blood Cinema. The Reconstruction of National Identity in Spain,* Berkeley, California University Press, 1993, págs. 185-196.

cos de la España contemporánea, concretamente con la desaparición de Franco, con el vacío que ella deja en el imaginario español, con el consenso de silencio a que ésta dio lugar y con el aparato ideológico del franquismo como estructura de poder que domina (en su reproducción) tanto el imaginario social del país como la producción cultural que lo representa. En esta perspectiva, la película construye en su entramado alegórico una región crítica destinada a pensar la desaparición de una figura paterna simbólica (que en su calidad de tal, dirige las construcciones identitarias de la nación) como escena fundacional de un nuevo sujeto «nacional» a través de cuya propia marca de novedad se inscribe en la historia como reproducción de su desaparecida anterioridad. La película se piensa, entonces, desde un marco histórico referencial concreto que abre la posibilidad de interpretar el discurso alegórico sobre el que se construye (y del que se ha hecho caso omiso) como una mirada reflexiva a la España democrática.

La película cuenta la historia de un médico ex nazi, torturador de niños judíos en los campos de concentración alemanes y confinado a un pulmón artificial después de intentar infructuosamente suicidarse (suceso al que los personajes se refieren como «el accidente»), pero cuyos actos de extrema violencia continúan ejecutándose en su presente de confinamiento a través de la repetición (que él observa tras su cristal) que de ellos hace su enfermero, un joven llamado Angelo y una de sus ex víctimas al haber sido objeto de abuso sexual cuando era niño. En una serie de *flashback,* que se realiza a partir de la lectura que Angelo hace del libro de memorias del ex médico (Klaus) y de la imagen fotográfica de un hombre y un niño posando ante una cámara, la narración va mostrando, con absoluta brutalidad y realismo, los experimentos que Klaus hacía con estos niños (clavarles jeringuillas de aceite en el corazón, golpearles hasta darles muerte), el placer sexual que le provocaba su ejecución y la observación de sus cuerpos agonizantes. Pero si bien se narran estos crímenes a través del diario del médico, los espectadores presenciamos no los de Klaus, sino los que Angelo comete en una réplica de ellos, impulsado bajo la necesidad de traerlos a una escena actual mediante su reproducción exacta. Inocente víctima en el pasado, Angelo se convierte en el presente en un torturador más despiadado incluso que aquel que le cambió la vida y que le dotó precisamente de su identidad de torturador. El proceso de transformación en torturador y sus actos como tal son los temas sobre los que el relato de la película se estructura. Acompañando a los dos personajes centrales se encuentran la mujer de Klaus (Griselda), primera víctima de Angelo, y por quien sabemos la razón de la postración de su marido y su condición de expatriados; y Rena, presencia silenciosa en el filme, hija del matrimonio y quien, en un progresivo y siniestro proceso de identificación con Angelo, acabará jugando un papel fundamental en el desenlace de la historia. El relato se centra en la reproducción de las torturas de Klaus en una atmósfera temporalmente diferente, pero similar en su puesta en escena. Efectivamente, Angelo convertirá la casa donde Klaus yace en su pulmón artificial en un simulacro de campo de concentración, en el cual hará revivir uno a uno los actos que se van describiendo en la memoria del libro y de la fotografía. Con este fin, construirá alambradas de metal, se vestirá con las ropas de Klaus, usará las gafas oscuras que le servían a su torturador para ocultar su mirada, secuestrará niños del pueblo, a quienes traerá ante la presencia de Klaus para ejecutar en sus cuerpos las mismas heridas que éste había ejecutado en otros cuerpos similares. Puesta en escena, por tanto, de un simulacro de realidad que quiere ser en su representación la misma realidad del pasado. En este escenario, la película pues muestra la dinámica perversa que se establece entre el torturador y su víctima desde una relación simbólica entre padre e hijo constituida como tal a partir de la violencia que el primero inflige en el segundo.

El título de la película acerca ya una multiplicidad de significaciones que, en sus encuentros y convergencias, va organizando también una multiplicidad de posiciones desde las que el sujeto se sitúa para mirar la realidad. En su más obvia interpretación, «tras el cristal» señala al pulmón artificial en que el ex médico nazi se encuentra atrapado y desde el que observa a modo de *voyeur* pasivo el espectáculo que Angelo pone ante sus ojos. En posición yacente de total confinamiento y dependencia, Klaus recibe una realidad invertida, un mundo al revés, pero que sigue conteniendo la misma realidad aunque desde otro ángulo. Sin embargo, otro cristal, un espejo esta vez, le devuelve una visión que, aunque también invertida, reubica el mundo del revés recibido desde el pulmón en un derecho especular y espectacular. La posición de Klaus coincide de este modo con la del espectador en la medida en que ambos mantienen una mirada a la realidad indirecta, desde el espejo, traducida en su especularidad y espectacularidad por el reflejo que el cristal interpone entre la realidad y su observador[14]. El proceso de especularización de la realidad que se anuncia en el título comienza así trayendo a escena no la presentación de una realidad, sino su espectáculo[15]. Será

---

[14] Kinder observa: «In Agustín Villaronga's *Tras el cristal,* when Klaus lies passively in the iron lung, looking into the mirror which reflects his facial close-up in a narcissistic matched gaze, the iron lung is explicity compared to the cinematic apparatus» (195).

[15] El deseo de Villaronga de que el espectador establezca relaciones directas entre realidad y espectáculo surge de manera explícita en la propia narrativa, cuando la criada de la casa entra a despedirse de Klaus y le dice: «¡Ay, Dios mío! es que este aparato me pone muy nerviosa; es como si estuviera en el cine.»

éste el primer movimiento de conversión alegórica a partir del cual la narrativa se dirige hacia su objeto narrado y simultáneamente se distancia de él.

Por otro lado, a un nivel más narrativo que estructural, Angelo construye el presente de la realidad, su espectacular puesta en escena, desde el cristal de la memoria y desde la fantasía a la que ésta da lugar (es esto lo que los espectadores presenciamos), constituyéndose así su fantasía como la superficie en que el proceso de reconstrucción del pasado o, más precisamente, de su repetición, tiene lugar. Tal reconstrucción se realiza a través de dos objetos de representación precisos. Por un lado, mediante la fotografía de un hombre y un niño tomados de la mano y posando ante la cámara fotográfica. Por otro, a través del libro de memorias, un diario que el ex médico nazi escribía dejando constancia de los experimentos que realizaba en los cuerpos de los niños judíos en los campos de concentración, y de los afectos —tanto sexuales como emocionales— que éstos desencadenaban en él. Presenciamos pues, el espectáculo de un pasado relatado en estos dos objetos de inscripción histórica y escenificados por Angelo, cuya huella, su puesta en escena, revela la sombra de una realidad pasada y presente sucediendo simultáneamete en la instantaneidad de una escritura y de una imagen que capturan para la eternidad el trazo del desorden original. Esta instantaneidad nunca ida, siempre realizándose como puro momento presente por su capacidad de descongelar, mediante su recuerdo, un pasado fijado en la imagen fotográfica y en la escritura, tiene como efecto el desencadenamiento espectacular de la historia y su transformación en una contemporaneidad fundamentalmente ominosa. De este modo, el título establece, tanto por sí sólo como por su carácter alegórico que incluye múltiples significaciones, una relación indeleble entre realidad y espectacularidad, entre memoria y contemporaneidad y, en consecuencia, entre posición desde la que la realidad se mira y la experiencia del sujeto. Y desde ella, el texto construye en su interior un espacio concreto desde el que tanto protagonistas como espectadores observan y llenan de sentido la realidad.

La primera mirada del espectador se detiene con horror en la escena inicial del filme, traída a la pantalla antes que los créditos. La escena de una torre en medio de un tupido bosque nos acerca, en un perverso *close-up* de la cámara, a un ojo que mira fijamente el cuerpo herido y agonizante de un niño colgado y seguidamente deja paso al objetivo de una cámara fotográfica tomando fotos de ese cuerpo. Se nos muestra a un hombre acercándose al cuerpo agonizante, rozándole con sus labios e inmediatamente rematándole con el golpe seco de un palo. El hombre sale de la habitación y se encamina a la terraza de la torre desde donde le observamos, de espaldas, mirar fijamente al vacío. Simultáneamente, oímos el sonido de una intensa respiración que entra en la habitación y unas manos que cogen un cuaderno abierto en el suelo donde se revelan fotos, dibujos y trazos de escritura. Esta presencia, que el foco de la cámara no recoge, sube las escaleras y observa, también de espaldas como los espectadores, al hombre en la torre. Acto seguido, la pantalla se ocupa con la fotografía de un hombre y un niño tomados de la mano, o de lo que podríamos pensar, son un padre y un hijo, dándose entrada súbita a los créditos de la película acompañados por otras fotografías y dibujos de judíos afinados en barracones y de militares nazis.

Esta escena inicial, junto con los créditos y la primera escena después de ellos, serán el marco de referencia histórica de la película. Una vez pasados los créditos, el filme nos ubica en el presente, 1959 (más adelante sabremos que los actos sádicos de Klaus tenían lugar ocho años antes, en 1951), ante otra torre en medio de un bosque, diferente a la anterior pero que la recuerda poderosamente en forma y paisaje, y en la que viven un hombre encerrado en un pulmón artificial y una mujer que en este momento escribe una carta a la que los espectadores tenemos acceso por una voz en *off*. Por la lectura en alto del contenido de esta carta sabemos quién es Klaus, el hombre del pulmón, y qué tipo de experimentos hacía con los niños durante la guerra. Griselda, verbalizando un intenso odio hacia los locales, pide a sus padres que le envíen una enfermera alemana para cuidar a su esposo enfermo y dependiente pero con posibilidades de seguir vivo durante años. Ambos, dice la carta, se encuentran expatriados en un remoto y solitario pueblo de un país extranjero (España) desde hace ocho años. Pero a pesar de que Griselda, su marido e hija son extranjeros (y así se referirán a ellos los habitantes del pueblo) no se detecta ni ahora ni en el desarrollo de la historia, ningún tipo de marca diferencial con la lengua del país que les acoge.

La película, por tanto, ya desde su inicio, insiste en presentarse como la representación de una violencia que está unida indeleblemente a un referente histórico. El Holocausto, desde la apertura de los créditos, se constituye así en el elemento ausente que estructura toda la trama de *Tras el cristal* y a partir del cual se actúa y se actualiza, en el presente, una memoria personal cuyo recuerdo está traspasado por los efectos que produce el propio recuerdo personal y el recuerdo de una masacre colectiva. Estas escenas iniciales sirven de introducción, sin embargo, no a una historia de violencia colectiva como podría esperarse en un principio, sino a la historia de un hombre particular que en su infancia ha sido objeto de abuso sexual, de una violencia producida más allá de las alambradas y nunca ligada en la narración, de manera explícita, a los campos de concentración. La referencia a la historia colectiva se incorpora entonces como elemento distante, pero presente, sobre el que la estructura de la trama funciona únicamente como superficie y como marco en que la herida privada, personal, va a inscribir su huella. Pero, sin embargo, esta superposición de imágenes pertenecientes a dos memorias tan diferentes como la privada y la colectiva establece profundos espacios comunales e inscribe en el imaginario del espectador una relación indeleble (una identificación subliminal, si se quiere) entre la memoria histórica de un pueblo y la memoria histórica de un sujeto. En esta medida, la puesta en escena de la fantasía violenta de Angelo se construye sobre el silencio del recuerdo personal (recogido en la fotografía del hombre y el niño), sobre el silencio del recuerdo colectivo (presente en las fotografías de los campos de concentración invisibles a lo largo de la película pero que cuya imagen fugazmente presente al comienzo ya no se olvida) y finalmente, mediante el libro de memoria de Klaus que Angelo va repitiendo en voz alta con su lectura. A partir de aquí, entrelazado de forma indisoluble por el recuerdo que encubren las tres memorias y por la mirada que al activarlo las hace confluir en el presente, la fantasía que impulsa la actuación de Angelo se constituye como la historia de su deseo de transformarse en el padre, en el Otro, mediante la re-presentación, o re-actuación de sus actos. El modo de realizar tal deseo (y esto es lo que conforma el centro de la narración, Angelo-torturador) es, en definitiva, hacer suya la memoria del otro y, tras su incorporación como propia, tomar su lugar y su identidad mediante la inscripción violenta de estas memorias, como una sola, tanto en el cuerpo de los niños como en el de Klaus y en el suyo propio. La culminación de este proceso de transformación en el padre se producirá en la escena final, cuando Angelo lo sustituya en el pulmón artificial, una vez ha finalizado la repetición paso a paso de la escena original cuya violencia se traduce en el imaginario de Angelo como la que funda su relación simbólica con Klaus.

Una vez construidos los márgenes que van a contener la historia, la película se concentra en la representación de violencia y sexualidad como los portadores de la significación, del saber, que desencadena la trama[16]. Violencia y sexualidad, se presentan inseparables en

---

[16] Es éste el aspecto más analizado de la película. La crítica se dirige, casi sin excepción, a desentrañar y dar significado al tipo de violencia y sexualidad (sadomasoquista y homoerótica) que la película pone en escena. Hay, por tanto, un especial interés en trabajar el texto en su lado más representacional. Obviamente esto es de por sí fascinante pero deja de lado, en mi opinión, las razones «históricas» por las que esa representación de la violencia (una violencia no necesariamente histórica) se hace objeto protagónico de una época. En este sentido, resulta interesante notar que textos en que la violencia se une a un significante histórico concreto, han resultado más accesibles tanto a la crítica como a los espectadores. Casos ejemplares serían *La*

Tras el cristal no sólo en el acto sádico mismo sino también en la mirada del torturador, al articular ésta un espacio afectivo claustrofóbico y perverso sobre el que la mirada enganchada en el horror tanto de los protagonistas como del espectador sólo puede ser dirigida de manera oblicua, descentrada. El control ejercido por la mirada (que se produce precisamente desde el horror y desde la imposibilidad de mirarlo de frente) es el paso inicial y fundamental de la transformación de Angelo en la medida en que es él quien impone el lugar desde donde mirar y desde él establece ya el juego de poder que domina la escena. El objetivo de Angelo-torturador es conseguir que todas las miradas que se cruzan en el texto, la de Klaus y la suya propia, la del espectador en su intersección con ellas, coincidan en siniestra simultaneidad con la mirada de Angelo-víctima que la cámara fijó con marca de trauma al congelar en la imagen fotográfica la escena primaria que pugna por retornar, pero que no tiene acceso a lo simbólico (no tiene un lenguaje). La mirada primigenia, Klaus mirando a Angelo, fundacional de su historia de sujeto y detenida en la fotografía, se activa en la fantasía, y el pasado congelado deviene actualidad cuando Angelo-torturador se hace posseedor de ella y con ella, mirando la foto y leyendo el diario, hace estallar el proceso de la memoria en la violencia de su *acting-out*.

El juego de miradas que la película entrega tiene por tanto como uno de sus objetivos pasivizar completamente la mirada del espectador y la de Klaus quien, al ser convertido también en espectador de la escenificación de la violencia, se vacía de su poder, y de esta manera Angelo erige la suya en la que controla con absoluto poder la dinámica de la trama. El control de la mirada ejercido por Angelo se constituye en consecuencia como una réplica exacta, una reproducción, del control que en el pasado había ejercido Klaus cuando él era el torturador. En esta medida es fundamental que, ya desde el inicio, se establezca un proceso de identificación del espectador hacia Angelo capaz de ubicarnos en una posición de *voyeur* pasivo desde la cual «[nos identificamos] con el asesino y con la víctima, con el actor y el espectador, con el padre y el hijo» (Kinder, 189). La pretensión de Angelo, no olvidemos, es reproducir hasta en sus más mínimos detalles los crímenes de su padre simbólico. Con este objetivo deberá, como primer paso, robarle el control de la mirada, desposeerle por tanto de la dirección de la escena para ser él quien detente

---

caza, *El crimen de Cuenca, Pascual Duarte,* y muchos otros. De algún modo, estas últimas representaciones de violencia, aunque enormemente disturbadoras, son menos amenazantes para el imaginario colectivo, quizá porque ellas mismas ofrecen una razón concreta de la violencia. Claramente, *Tras el cristal* deja al espectador la responsabilidad de encontrar causas originarias, o al menos, de darlas a la luz.

el poder absoluto. Una vez obtenido, Angelo puede comenzar a re-producir y re-actuar la historia a partir de los textos memorísticos que la contienen.

En la primera lectura del diario de Klaus, Angelo lee la descripción minuciosa de las operaciones a las que Klaus sometía a los niños y, llorando intensamente, lee ante Klaus: «El Horror como el pecado tiene su fascinación y yo no lo había descubierto aún. No sentía nada especial al hacer esa operación.» Vemos a Angelo reflejado en el espejo, desde la mirada de Klaus, y escuchamos el siguiente diálogo:

> Angelo: ¿Te gustaría hacerlo de nuevo? Yo podría hacer por ti lo que tú no puedes. No estoy detrás de un cristal. Puedo ser por ti lo que tú eras antes, ¿entiendes?
> Klaus: no, no Angelo, no.
> Angelo: Quiero aprender, ser como tú
> [...]
> Klaus: No eres un niño.
> Angelo: No, ahora el niño eres tú.

Mientras Angelo reproduce de memoria las palabras del diario, se desnuda y se masturba frente a Klaus al mismo tiempo que repite, haciéndolas suyas, las palabras que Klaus pronunciaba durante la escena primaria de la violación e intercala otras nuevas con que declara la sentencia de muerte de Griselda.

El espectador, en consecuencia, ha visualizado esta escena desde la intersección de varias miradas; desde la mirada de Klaus, que mira desde el espejo; desde la narrativa del diario; desde las palabras de la propia memoria de Angelo reproducidas en su *acting-out* y, finalmente, desde sus palabras presentes. Narración, repetición, especularidad, simulacro de la escena y emergencia de la novedad en las palabras de Angelo coinciden en un mismo plano que confunden y hacen inseparables el pasado y el presente, pero introduciéndose ahora una significativa marca de diferencia. Tal marca señala hacia un espacio ominoso constituido por la simultaneidad de lo familiar, lo ya propio (las palabras del otro devenidas suyas), y lo no familiar, lo que se da como nuevo y ajeno pero que en su misma extrañeza contiene lo familiar y propio. Es por esta presencia diferencial, introducida en la memoria de Angelo por las palabras ajenas a la escena que se está reproduciendo, por la que se ponen en marcha los mecanismos que llevarán a la realización del deseo que Angelo ha articulado verbalmente: «quiero ser por ti lo que tú eras antes».

Si la película presenta en su comienzo la fijación de una escena a través de una cámara fotográfica, la escena del niño colgado, llegaremos a saber rápidamente que esta escena no es en realidad la escena primaria que Angelo busca repetir en sus actos de violencia. Es tan sólo uno de los actos que su padre simbólico, Klaus, ha realizado mientras hacía sus experimentos en los campos de concentración judíos. La perturbadora aparición de una intensa respiración que se mueve oculta a la cámara y mira la figura del niño colgando de la cuerda, y unas manos que recogen un cuaderno, da paso a la presencia de la fotografía de un padre y un niño cogidos de la mano que suspende el horror del espectáculo para reforzar el proceso de identificación hacia la presencia que se apodera del cuaderno y que, como nosotros, es espectador de la escena[17]. Sabemos, por tanto, que la foto pertenece a una anterioridad, que todavía tenemos que enfrentarnos a otra escena anterior, y que de algún modo es ella el origen del conflicto. Sólo volveremos a tener un primer plano de esta foto casi al final del filme, cuando Angelo y Rena (quien ha estado observando el comportamiento de Angelo y quien, aun sabiendo que ha matado a su madre, ya ha aceptado sin comentario alguno la paternidad de Angelo cuando éste le dice «ahora yo soy tu padre»), entran en la habitación donde Klaus yace en su pulmón. En esta escena vemos a Angelo colocar delante del espejo la libreta de memorias abierta por una página donde se ve el dibujo de un niño con una cicatriz atravesándole la ceja (como la de Angelo). El dibujo se desvanece y se transforma en la foto del padre y el niño tomados de la mano y un rapidísimo oscurecimiento que hace desaparecer la imagen fotográfica da paso a otra escena donde el hombre coloca delante de una cámara al niño. A partir de aquí, en planos que yuxtaponen en casi perfecta simultaneidad el pasado y el presente, somos testigos, junto con Rena, del desarrollo de la escena primaria, en la que el hombre obliga al niño a hacerle una felación, y de su repetición durante la cual Angelo, desconectando el pulmón artificial y privando a Klaus de aire, obliga a este cuerpo agonizante, paso a paso, acto a acto, palabra a palabra, a practicar sexo oral. Angelo, tomando el poder y el control en su puesta en escena, reproduce la escena primaria y en su reproducción, realiza su completa transformación en el padre, que morirá en sus manos axfisiado por la falta de aire. Seguidamente, vemos a Angelo situado delante de una escultura fálica que preside la casa y escribiendo una carta que firmará con su (nuevo) nombre propio: Klaus. La transformación se lleva a sus últimas consecuencias cuando Rena, ahora travestida en figura masculina, entra

---

[17] Ésta es otra escena que puede interpretarse, desde su desplazamiento, como referencialmente histórica. O así lo ha hecho, en mi opinión acertadamente, Marsha Kinder: «Despite, or rather precisely because of its power, this stylistic rigor implicates the aesthetic conventions for the glamorization of violence and death that are historically associated with fascism, futurism, and Catholicism» (186).

de nuevo en la habitación intensamente iluminada por unas luces que enfocan el pulmón sobre un suelo acuoso y a Angelo metido en él. Rena le besa y en una simultaneidad de voces que hacen de la de Rena y Angelo una sola, oímos las siniestras palabras «gracias, Angelo». La escena siguiente, el cierre de la película, muestra a una Rena transformada en niño y subida a horcajadas en el pulmón y en el ademán de sacarse la ropa, la cámara se aleja de ellos, mientras una tenue lluvia de nieve cae, y los encierra en una bola de cristal que la cámara congela.

La transformación de Angelo, su ubicación en el lugar simbólico del padre, supone por tanto una reproducción de la estructura de poder que Klaus marca indeleblemente en su encuentro originario. En la historia de esta reproducción hay, sin embargo, una marca de diferencia en la que se contiene el elemento más siniestro de tal reproducción: la misma Rena, quien ha aceptado pasivamente la verdad simbólica que le dicta Angelo en las palabras «ahora yo soy tu padre» y cuya transformación en un sujeto sin marca identitaria de género pone en marcha un nuevo ciclo de reproducción donde la «nueva generación» toma el relevo y mantiene intactas las estructuras de poder instaladas desde el pasado. La complicidad silenciosa que marca el acuerdo entre Rena y Angelo, el acuerdo implícito por el cual ella acepta la paternidad simbólica de Angelo (y Angelo sólo puede ubicarse en la posición de padre bajo la aceptación de Rena) apunta entonces a la repetición infinita del ciclo, al eterno retorno de lo mismo que inició Klaus. El congelamiento final de la imagen por el que Angelo-Klaus y Rena-Angelo son encerrados en una bola de cristal bajo una perpetua lluvia de nieve, el encapsulamiento de «todo el texto en el interior de una fantasía erótica» (Kinder, 188) y de una fantasía de poder, sólo necesitará una mano que le dé la vuelta (a la campana de cristal) para que la historia vuelva a iniciarse. Ciclo de constante retorno, como el ciclo de esa historia que pone en escena los restos dejados en el margen de la historia, indecibles, deshistorizados y, en consecuencia, eternamente idos y eternamente presentes.

La fantasía puesta en escena no es por tanto, como pudiera parecer, la de Klaus, reactivada en la memoria de Angelo. Klaus, sabemos por su libro de memorias, la puso en acción en la tortura de los niños objeto de sus experimentos, pero no es ella la que se repite en los actos de Angelo. Este último, en su transformación de víctima en torturador y, en consecuencia, en su desplazamiento identitario en el Otro, incorpora en su *acting-out* la fantasía del padre en la medida en que ésta le sirve de soporte fantasmático a la propia (y por eso la necesidad de la presencia de Klaus, mirando desde su posición de *voyeur* la escena). Pero la fantasía de Angelo puesta en escena, tampoco tiene como objeto último la reproducción *per se* de la tortura o del acto sádico de infligir dolor en el otro, sino el devenir él mismo torturador para, desde esta posición de poder, hacer hablar a la violencia con el lenguaje de la autoridad. Deleuze afirma, «sólo la víctima puede describir la tortura. El torturador usa necesariamente el lenguaje hipócrita del orden y el poder establecidos» (17). Angelo, víctima pero también torturador, subvierte así el lenguaje hipócrita del poder para de este modo hacerlo lenguaje, discurso inscrito en la esfera de lo simbólico. Así Angelo, detentador ahora del discurso simbólico, no lo utiliza para incorporar o expulsar el dolor y así rescatar el trauma de la no simbolización, sino para buscar perversamente la realización de su fantasía, que no es otra que la del Padre, y que le señala a él, desde la cadena simbólica, como falta. Devenir torturador, abismarse en el Otro, le posibilita «hablar» la violencia y apropiarse de su lenguaje, de su autoridad, que le da a su vez la ilusión de estar situado en un espacio desde el que hablar. El afecto que Angelo desencadena en su *acting-out* se inscribe entonces como la radical desestabilización de una marca identitaria que le sitúa a él en el lugar de la falta, de sujeto borrado respecto del Otro que le funda como tal sujeto de la falta y, consecuentemente, como sujeto sin poder. Por eso es imprescindible que la apropiación del Nombre del Padre se produzca a través del control de la mirada y de la reproducción de sus actos con el mismo lenguaje que el Otro habla.

Tras el cristal, por tanto, representa un *acting-out* salvaje cuya puesta en escena se realiza bajo el deseo de apropiarse del lenguaje que habla la violencia. El *acting-out* en esta medida recoge en su escenificación la expresión de una carga afectiva excesiva sin acceso a la simbolización cuyo origen se encuentra en la brecha que causa la presencia activa en la fantasía de una figura de enorme poder simbólico que desposee del lenguaje. El exceso afectivo se transforma así en residuo silencioso, en abyecta presencia que, desde su afuera Real, apunta y encripta la traza de un trauma fundacional cuyo retorno a la realidad se produce en el desplazamiento en puro acto al no poseerse un lenguaje y un espacio desde el que producir sentido. El sujeto de la falta, sin lenguaje, sin autoridad, escenifica su fantasía para desaparecer como sujeto, para «deshacerse de su propia fantasía pasándola a la realidad» (Baudrillard, 35) y así su propia liquidación en el simulacro le proporciona la posibilidad de proyectarse «en un mundo ficticio... para el cual no hay otro motivo que esta violenta apertura a [sí mismo]. Construyendo un perfecto mundo virtual para poder optar al mundo real» (Baudrillard, 35). A través del cuerpo de la memoria (corporeizado en la fotografía y en el libro de anotación de Klaus, así como en las fotos de los judíos en los campos de concentración) y de la memoria que se traza en la herida corporal donde se encripta el residuo histórico abyecto a las narrativas históricas, retorna lo reprimido, lo dejado afuera de la narración por la presencia fantasmática de un padre simbólico que le constituye como sujeto sin lenguaje.

Pero no olvidemos que *Tras el cristal* hace un gesto importante hacia la memoria colectiva. Y lo hace poniendo en marcha, como fondo, una estrategia alegórica, construida sobre el desplazamiento de la mirada, que es precisamente la que establece una absoluta indisolubilidad entre la memoria personal y la colectiva, entre la memoria y la actualidad. La alegoría proporciona la distancia necesaria para construir un marco histórico ajeno pero a la vez familiar: si bien el nazismo no es el franquismo, éste mantiene fuertes lazos de significación ideológica y afectiva con él en la medida en que el franquismo se constituye a partir del aparato ideológico del fascismo. La película se distancia de la historia española al mismo tiempo que la recuerda poderosamente en su referencia desplazada a otro, pero el mismo, aparato ideológico de poder y control. Nazismo y fascismo son discursos de poder erigidos primordialmente a partir de la figura de un padre simbólico que domina la esfera de la realidad, imponiendo sobre ella una absoluta sumisión a la razón política establecida. La casa que acoge a los alemanes expatriados (perdida en alguna remota región de España), extranjeros que sin embargo no muestran ningún signo de diferencia lingüística o de otra índole con los locales (dando entrada con esta [in]diferenciación a un efecto de [des]familiarización en el espectador que llega a pensar que los alemanes son tan españoles como los locales), está presidida por una escultura de enormes dimensiones que recuerda un falo gigantesco. Falo que la cámara recoge siempre como fondo, al que nunca se acerca, pero que sin embargo está omnipresente en la escena y que acompañará a Angelo a lo largo de su tenue pero implacable transformación de hijo a padre. Esta escultura fálica simboliza la estructura edípica sobre la que se construye el deseo de Angelo (sustituir al padre en el triángulo), al mismo tiempo que la inscribe como el discurso de poder que domina el espacio en que se sitúa[18]. Referencia histórica (nazismo) y referencia simbólica (estructura edípica de poder), entonces, que enmarcan la historia particular de un sujeto en sus coordenadas

---

[18] Fue Marsha Kinder la primera crítica que se fijó en la estructura edípica sobre la que se construye el entramado narrativo de *Tras el cristal*. Nos dice: «Clearly, this Oedipal narrative will favor not Freud's interpretation but Girard's and Devereux's, where the son's central desire is not to possess his mother but to imitate and replace his murderous father and where the originating crime is not the patricide or incest committed by Oedipus but the homoerotic rape and murder by his father, Laius». Obviamente, suscribo totalmente la interpretación edípica que Marsha Kinder basa en los trabajos de Girard.

histórico-simbólicas, es decir, de un yo que se constituye en relación con la Historia y en relación con los discursos de poder dominante, y que le otorgan desde ellos una significación colectiva en el imaginario social al conflicto personal que la narrativa, en su construcción memorística, trae a escena.

Tras el cristal es por tanto un filme fundamentalmente pesimista por dos razones. Primeramente, su escena nos presenta el lado más oscuro de las relaciones humanas mediante la emergencia de la fantasía en una serie de compulsivos *acting-outs* que parecen constituirse como el desplazamiento de la irrepresentabilidad simbólica de una presencia fantasmática activa (el cuerpo yacente y atrapado de Klaus), quien aún sin posibilidad de movimiento y por tanto de ser el motor de la acción, permanece como remanente de ese otro originario sustentador de la paternidad del Angelo-torturador. Este residuo corporal en que Klaus ha devenido sigue siendo, sin embargo, la presencia necesaria, el Otro fantasmático, para que la historia escrita en el diario y en la fotografía emerja a la superficie, revele la escena primaria (cuya reactuación constituye a Angelo en torturador) y se enlace a un significante perdido en la memoria. Así, el cuerpo tras el cristal, paralizado, encadenado a la máquina, agonizante, es la traza fantasmática que un cuerpo escapado de la muerte (el intento de suicidio) inscribe en la memoria del hijo.

En segundo lugar, nos pone en contacto a través de un inteligente entramado alegórico al que se llega desde una mirada oblicua a la realidad, con los horrores del presente que han tenido su origen en un pasado gobernado por el poder y la tiranía afectiva de un padre implacable cuya fuerza se impone a través de la violencia pero quien lejos de ser expulsado de la propia historia es sustituido por su propia repetición en la materialización de la fantasía del hijo. De este modo, los espacios reflexivos a los que da lugar *Tras el cristal* se abren a una multiplicidad de significaciones contenidas en una inteligente alegoría, una mirada anamórfica que piensa el franquismo como aparato de poder capaz de articular relaciones tanto ideológicas como afectivas con su realidad, sobre Franco como padre simbólico y por tanto promotor y ejecutor del poder instaurado por su aparato ideológico, y sobre la dinámica perversa que su presencia fantasmática (es decir, como una presencia actuando desde el «afuera») provoca en un imaginario cultural que no puede realizar el duelo de una pérdida simbólicamente inmanejable.

La extrema violencia que esta película pone en escena, así como el proceso de su escenificación, establecen lazos íntimos (aunque desde la distancia alegórica), con la violencia de otra escena que esta vez se produce en el ámbito de la historia colectiva: la agonía de Franco y el pacto de silencio que se establece en torno a ella. Si retomamos la reconstrucción que de esta última hace el documental

Así murió Franco y con el que comencé este trabajo, veremos que el cuerpo del dictador se resiste a morir y que su larga agonía, durante la que el cuerpo de Franco se convierte en un cuerpo aferrado a la vida sólo por su conexión a máquinas respiratorias y de otra índole, es exactamente la que da lugar al silencio. No su muerte, no su vida, sino la transformación de este cuerpo (cargado de enormes significaciones simbólicas y afectivas para el cuerpo de la nación) en traza fantasmática (está ahí pero ya no es) que sigue imponiendo, desde su espectralidad, una estructura de la fantasía particular que domina todavía el imaginario cultural del país. El pacto de silencio que impide hacer pública la transición a la muerte del dictador, el proceso de desaparición de su vida, impide al mismo tiempo su entrada en la narrativa de la historia y, de este modo, se convierte en un residuo apilado a sus márgenes. «Esto no es un juego, al menos no para contarlo», le dice Klaus a Angelo cuando este último le está diciendo cómo sabe su historia.

De este modo, la tensión entre la emergencia de la memoria intolerable como pura actuación del afecto y la necesidad de censurar o de borrar referencias directas con la propia historia (cuyo trazo de expresión se realiza a través de la propia referencia histórica, el nazismo) se constituye como alegoría de una España democrática que se niega a aceptar y a incorporar a sus narrativas la presencia de unos fantasmas del pasado que, debido a su imposibilidad de acceder a la historia, devienen huellas traumáticas, afectos antagónicos de un duelo sin resolver. Matar la historia a golpe de olvido es así, paradójicamente, el mecanismo que impide que los muertos sean enterrados debidamente y que su aparición se prolongue en la historia actual a modo de presencias espectrales, de heridas sin suturar que emergen desde los márgenes de la historia.

El acuerdo silencioso entre Rena y Angelo, el pacto simbólico que establecen y por el cual la historia se reproduce, apunta de este modo a ese pacto consensual por el que fue posible, durante la democracia española, mantener en secreto la historia y mantener silenciadas las zonas de tensión, de brecha afectivo-ideológica, que el secreto causó. Los fantasmas del pasado, las estelas que ellos dejan en la historia, debían ser silenciados para que el proyecto colectivo de modernización y europeización fuera realizado desde la estabilidad y la comodidad. Sin embargo, los residuos dejados fuera, los secretos silenciados, los pactos de consenso, marcan la historia también, desde sus márgenes, como una historia que se repite, como un presente que se estructura bajo las mismas cadenas simbólicas y bajo el dominio de una misma figura simbólica de poder.

Mientras que *La mitad del cielo* nos narra la historia de una ruptura, la historia de la ruptura entre modernidad y premodernidad, entre democracia y franquismo, entre historia y presente, *Las edades de Lulú* y *Tras el cristal* nos muestran en escena la historia que esa ruptura deja fuera, aquella que, encriptada en una memoria congelada, se pone en marcha cuando el afecto se enlaza a ella y deviene afecto en duelo de una pérdida que no se ha incorporado ni al imaginario ni a los procesos de simbolización que la «nueva» cultura ha comenzado a construir. Novedad, por tanto, la de esa nueva cultura, cuyo origen no se encuentra en el presente sino en las memorias desechadas por las escrituras históricas. En este sentido, *La mitad del cielo* cierra el ciclo del franquismo, en su pacto de consenso, mientras que *Las edades de Lulú* y *Tras el cristal* lo vuelven a poner en marcha al cuestionar ese cierre que trae a la superficie los procesos de reproducción de estructuras simbólicas anteriores sobre los que se asientan.

En consecuencia, dos diferentes narrativas de la democracia: una de construcción de nuevas narrativas hegemónicas desde la desmemoria, aceptada y aplaudida por la política cultural, y la otra de reconstrucción y reproducción de viejas narrativas, también aquellas hegemónicas, desde los residuos de la memoria y por eso, olvidada y silenciada por esa misma política cultural. El documento que nos presenta la «nueva» cultura es, finalmente y como siempre, un documento de civilización y de barbarie. Pensar la barbarie, lo que se oculta a las narrativas de la historia pero que sin embargo está ahí, interviniendo violentamente desde su afuera, es el proyecto al que se dirige el intelectual empeñado en desestabilizar las políticas de consenso y así revisar críticamente la construcción cultural de la Historia. Si la democracia española se abre con un olvido, es este olvido el que un proyecto intelectual crítico deberá tomar como objeto. Y hacerlo supone precisamente pensar los restos, mirar directamente el Horror para desde él incorporar a la historia una genealogía violenta y excluida que, por haberlo sido, continúa ejerciendo enorme poder.

OBRAS CITADAS

BAUDRILLARD, Jean, *Te Perfect Crime,* Londres,Verso, 1996.
BENJAMIN, Walter, *Illuminations. Essays and Reflections,* Nueva York, Schocken Books, 1968.
CAPARRÓS LERA, J. M., *El cine español de la democracia. De la muerte de Franco al «cambio» socialista* (1975-1989), Barcelona, Anthropos, 1992.
DEBORD, Guy, *Society of the Spectacle,* Detroit, Black & Red, 1983.
DELEUZE, Gilles, *Masochism: An Interpretation of Coldness and Cruelty,* Nueva York, Braziller, 1971.

GRANDES, Almudena, *Las edades de Lulú,* Madrid, La sonrisa vertical, 1989.
GUTIÉRREZ ARAGÓN, Manuel, *La mitad del cielo,* 1986.
JAMESON, Fredric, *Postmodernism, or the Cultural Logic of Late Capitalism,* Durham, Duke University Press, 1991.
KINDER, Marsha, *Blood Cinema. The Reconstruction of National Identity in Spain,* Berkeley, California University Press, 1993.
LUKACHER, Ned, *Primal Scenes. Literature, Philosophy, Psychoanalysis,* Ithaca, Cornell University Press, 1986.
MORÁN, Gregorio, *El precio de la transición,* Madrid, Planeta, 1991.
PREGO, Victoria, *Así murió Franco. Documentos de investigación,* Antena 3 TV, 1998.
RICHARDS, Nelly, *Residuos y metáforas. (Ensayos de crítica cultural sobre el Chile de la Transición),* Santiago de Chile, Editorial Cuarto Propio, 1998.
RÍOS-FONT, Wada, «To Hold and Behold: Eroticism and Canonicity at the Spanish *Fines de Siglo», Anales de Literatura española contemporánea,* núm. 23 (1998), págs. 355-378.
SUBIRATS, Eduardo, *Después de la lluvia,* Madrid, Temas de Hoy, 1993.
— *España, miradas fin de siglo,* Madrid, Akal, 1995.
VILARÓS, Teresa M., *El mono del desencanto. Una crítica cultural de la transición española (1975-1993),* Madrid, Siglo XXI, 1998.
VILLARONGA, Agustín, *Tras el cristal,* 1985.

Conmemoraciones para el olvido. España, 1898-1998

JAMES D. FERNÁNDEZ

Si un gestor cultural del mundo hispánico tuviera acceso inmediato a todos los archivos gráficos del mundo, ¿qué imagen, o qué conjunto de imágenes elegiría como emblema de los acontecimientos de 1898?

A finales de 1997, esta pregunta hipotética se me planteó de una forma muy concreta. Estaba participando en la programación de una serie de eventos conmemorativos del centenario de 1898 en Nueva York, y un diseñador gráfico me pidió una o dos imágenes históricas para adornar la portada del programa que iba a anunciar las actividades.

La petición —a primera vista tan sencilla— se convirtió en una tarea para mí imposible. Como indica la misma palabra, el acto de «conmemorar» implica la existencia de un objeto —algo digno de «memorar»— y de un sujeto colectivo («co») —un nosotros que recuerda. Me di cuenta entonces de que para escoger una imagen representativa de 1898, uno tendría primero que estar dispuesto a responder a dos preguntas: ¿qué hay de conmemorable en 1898? y ¿quién es ese nosotros que va a llevar a cabo la memoración? Como no me sentía en posesión de ninguna de las dos respuestas, y para salir del apuro, opté por una imagen abstracta de un borroso globo terráqueo. Pero la petición importuna de mi amigo diseñador me acompañó a lo largo del año 98, con todos sus congresos, exposiciones, seminarios y demás actividades conmemorativas.

En marzo de 1998 visité en Madrid una enorme y hermosa exposición titulada: «España, Fin de siglo, 1898». Me llamó la atención la imagen que se había escogido para representar esta muestra esmeradamente montada; la imagen reproducida en las entradas, en los panfletos, hasta en las enormes colgaduras que adornaban la fachada del museo. El ensayo que sigue nació como un intento de responder a la siguiente pregunta: «¿de qué visión de 1898 —y de qué "nosotros" colectivo— podrían ser representativas esta imagen y esta exposición?» Como se verá en lo que sigue, pronto llegué a pensar que esta conmemoración particular, en sus fundamentos ideológicos, no era muy distinta —era más bien sintomática— de gran parte de las actividades conmemorativas y de una generalizada tendencia a «conmemorar olvidando».

España fin de siglo 1898

Suspendamos por el momento nuestras recién adquiridas nociones sofisticadas sobre la relación entre la ideología y la cultura, entre la política y el saber. Todos sabemos que los antiguos modelos de la transmisión de la ideología —basados en una noción simplista de «propaganda»— ya no sirven. Sabemos hoy todos que la ideología no es un obstáculo a la producción de saberes, sino una condición *sine qua non* de esa producción. Nos reímos hoy de la idea no tan antaño aceptada de que una instancia de poder político pueda inyectar ideas puras directamente en las venas de unos receptores ignorantes, programables. Hemos aprendido todos de memoria la cantilena posmoderna:

> El poder en las sociedades modernas es difuso, no monolítico; los mensajes son siempre ambiguos, susceptibles a interpretaciones diversas; los receptores no son nunca tábulas rasas, niños inocentes o nativos pasivos, sino astutos agentes políticos, siempre dispuestos a reinscribir o transculturar o resistir los mandatos del discurso del poder.

Apaguemos, por el momento, ese *cassette,* e imaginémonos, como buenos paranoicos preposmodernos, que ciertas formas culturales —en particular, las que configuran la memoria histórica pública y oficial— se producen y se consumen según un modelo bastante menos sofisticado. A saber: Una instancia del poder más o menos localizable impone, de manera más o menos autoritaria, las líneas directrices de la memoria pública. Un equipo de productores de discurso es contratado —o se ofrece de manera voluntaria— para darles forma concreta a esas líneas directrices. El mensaje que producen estos funcionarios del recuerdo es bastante monolítico; si contiene ambigüedades, son estratégicas, ya que limitan el campo de debate, presentan falsas alternativas, riñas coreografiadas. El público, que apenas tiene acceso a otras versiones o visiones, se lo traga todo tan contento.

¿Qué pasaría si fuera vigente este modelo propagandístico de la diseminación de la ideología? Para mejor llevar a cabo este experimento mental, pensemos en un caso concreto. La instancia del poder sería el Gobierno, o mejor —ya que jugamos a paranoicos— el *establishment* español en los últimos años del siglo XX. Las formas culturales son las conmemoraciones de fechas y figuras importantes —Felipe II y, en particular, el 98— y las publicaciones que rodean y apuntalan esas conmemoraciones. El destinatario es el público general de museos y de libros *best-seller.* Ahora bien; Si aceptáramos por el momento ese modelo propagandístico de la creación, distribución y recepción de la ideología mediante formas culturales, ¿cómo habrían sido las múltiples conmemoraciones históricas celebradas en España en el año 1998? En particular, ¿cómo habrían sido los actos conmemorativos del primer centenario de 1898?

Primer acto: habla el Poder

1. «Hay que utilizar los eventos conmemorativos del 98 para abolir, de una vez por todas, cualquier noción de la excepcionalidad, la diferencia, o el atraso históricos de España. Las conmemoraciones de Felipe II y de 1898 se deben aprovechar para desterrar para siempre cualquier residuo de "leyenda negra". España es Europa; España siempre ha sido Europa.
2. »Tenemos que utilizar los centenarios del 98 para crear una genealogía para el conservadurismo español no vinculada a la todavía incómoda figura de Francisco Franco. En otras palabras, tenemos que restaurar la Restauración.
3. »Es preciso evitar a toda costa la controversia, eludir el tema de la conducta de la guerra en Cuba. Conviene retratar 1898 de manera limpia, como el año de un *translatio imperii,* en que el primer imperio global de la historia —España— le entrega la antorcha al segundo —Estados Unidos.
»Busquemos en 1898 las raíces de la prosperidad de 1998; hace cien años comenzamos una carrera ininterrumpida (¿y los cuarenta años del franquismo?) hacia el eufórico euro-presente. De hecho, convendría hablar de las "pérdidas territoriales" del 98 como una bendición disfrazada, ya que por fin España pudo deshacerse de sus ensueños quijotescos, imperiales, y empezar a asumir su destino histórico como nación moderna (con un glorioso pasado imperial como tarjeta de visita distintiva, por cierto).»

Segundo acto: obedecen los Conmemoradores

1. *Seamos normales*

En nuestras exposiciones y conferencias, la vieja idea de la «excepcionalidad» de España frente a Europa ha de caracterizarse como un artefacto espurio de cierta historiografía extranjera y tendenciosa, o de la prensa amarillista también extranjera: «plumas ajenas» en las elocuentes palabras del presidente del gobierno español. Movilicemos, en nuestros actos y congresos el útil concepto postestructuralista del «orientalismo»; en los siglos xv al xviii, Europa necesitaba un «otro», un «oriente» contra el cual definirse. Sin recurso a un malévolo Felipe II, los ingleses tendrían que dejar de ser ingleses. Los ilustrados franceses no hubieran sabido qué hacer si no hubieran podido inventarse el coco de *l'Espagne de l'Inquisition*. En el siglo xix, pasa lo mismo en Estados Unidos.

El emergente gigante necesita oponerse a algo: construye un fantoche decadente y oscurantista llamado «España» para mejor imaginar y narrar el ascenso necesario de su propio imperio ilustrado y civilizado.

2. Restauremos la Restauración

Respecto a los primeros siglos del imperio español, en los últimos años, la historiografía académica parece haber cambiado el enfoque de su pregunta fundamental. Ahora se habla menos de la decadencia, del fracaso —«¿por qué se deshizo el imperio?»— y más del éxito —«¿cómo es que llegó a sobrevivir el imperio por más de cuatrocientos años?»—. Parecería que, en la búsqueda de explicaciones de esta longevidad, se pueden encontrar algunas virtudes.

Pues bien, me parece que en el caso de la Restauración se ha efectuado una revaloración parecida —aunque a escala reducida—. Basta ya con el estribillo sobre «el fracaso de la Restauración»; en nuestras jornadas hablaremos del *éxito* de la Restauración, un régimen relativamente próspero y longevo que, después de todo, sobrevivió incluso al «Desastre» del 98. La Restauración, bajo esta nueva luz, aparecerá como el mejor arreglo posible para un grupo de agentes políticos cautos y sensatos que quería evitar a toda costa los excesos de dos extremos: el carlismo a un lado, el republicanismo —o algo peor— al otro. Invocaremos de paso la crítica tan de moda del «presentismo»; está bien ya con aquello de «oligarquía y caciquismo»; el paso de una política de elites a una política de masas fue en todos los países de Occidente un momento de sombras y chanchullos. ¿Democracia y justicia en el fin de siglo? ¿Dónde se vio? No hay que pedirle peras al olmo.

Después de este baño ácido y una generosa mano de barniz, nuestra nueva y mejorada Restauración se podrá exhibir en estos términos:

> Hace un siglo, España tenía una economía modernizadora, era una potencia en las relaciones internacionales, gozaba de un régimen político liberal al estilo británico, con sufragio universal masculino y una oposición activa, y disfrutaba de la libertad de la prensa y de una notable creatividad cultural, todo comparable a lo que ocurría en los más avanzados países de Europa de esos mismos años.

España va bien; España iba bien.

3. Retratemos el fin de imperio como una bendición disfrazada de desastre

¿Cómo retratar «el fin» como un origen? ¿Cómo transformar «el desastre» en un comienzo prometedor? Una forma es la de vincular la relativa prosperidad de este fin de siglo con la prosperidad que disfrutaba una ínfima capa de la sociedad española de hace cien años. Mediante una cuidadosa selección de artefactos —el pasado como pastiche— en nuestras exposiciones representaremos el pasado fin-de-siglo español como una *belle époque,* desplegando, como buenos modernistas, preciosos abanicos, corsés, gramófonos, cajas de perfumería y armaritos de licoreras de barco. Hasta los objetos bélicos pueden adquirir el «aura» del preciosismo, si insertamos, por ejemplo, el mecanismo completo del mauser español en su pulida cajita de caoba, dentro de un escaparate desjerarquizado —dentro de una especie de Rastro— de exquisitos *bibelots.*

Otra forma de vincular los dos fines de siglo es la de reactivar una antigua crítica protoliberal y liberal de la experiencia imperial, según la cual el proyecto colonial se percibe como una desafortunada desviación del destino histórico nacional.

Se trata de una vieja maniobra. Ya en el XVII los arbitristas, como González de Cellorigo, se quejaban de la pobreza que resulta del nefasto error de tomar «tesoro» por «riqueza». En el XVIII, Feijoo repetiría un lugar común de la crítica ilustrada de los imperios al decir: «El oro de las Indias nos ha hecho pobres.» Clarín, a este lado del desastre, en enero de 1899, invitará a los españoles a buscar «las Indias en casa»: «¿No podemos conquistar el mundo, ni mucho menos? Pues vamos a conquistar Castilla… Andalucía… Guerra de la reconquista… agrícola e industrial.»

Resulta que las últimas colonias fueron en realidad un lastre para España; su pérdida, o mejor, su abandono, permitió que el país emprendiera la «reconquista» de su verdadera identidad. Es el supuesto fin de ese proceso de autoconquista lo que hay que celebrar en 1998.

Cae el telón. Aplauden los espectadores y visitadores de bien montadas exposiciones y doctos seminarios. Vuelven a casa con renovado y fortalecido orgullo.

Cuentas ajustadas

¿Cuánta distancia hay entre lo que esta hipótesis paranoica «predice» y lo que en realidad tuvo lugar a lo largo del año 1998? ¿No hemos visto a España rebautizar a todos sus abuelos bajo el signo de una redentora normalidad? Somos Europa, siempre hemos sido Europa. ¿No nos han enseñado doctos historiadores que la idea del «hecho diferencial» de España se debe atribuir no tanto a las políticas y creencias de los Felipe II, Fernando VII o Francisco Franco, sino más bien a los intereses creados de los Voltaire, Prescott, y William Randolph Hearst del mundo? ¿No se nos ha querido vender una Restauración higienizada y perfumada, no de sátrapas corruptos fabricando miseria y emigración, sino de honrosos y pragmáticos hombres de Estado ejerciendo el *realpolitik,* cultivando con esmero sus olmos a los que sería injusto pedir peras? ¿Acaso no hemos visto a Cuba, Puerto Rico y Filipinas, sin invitación al baile? No hemos visto toda la complejísima maraña de intereses nacionales, de clase, de raza y de imperios que configuran la crisis de 1898 reducida a la fórmula de una falsa alternativa doméstica y casera: «¿Desastre o impulso modernizador?»; ¿Desastre o impulso para quiénes?

¿Qué es lo que el espectador medio ha podido sacar en limpio de tanta conmemoración olvidadiza sino «España va bien. España iba bien»?

Pero a lo mejor no hay que atribuir esta coincidencia a un complot entre el Poder y los funcionarios de la memoria. Hay una explicación quizá menos paranoica pero también más insidiosa. Es que los productores y los consumidores de visiones históricas hoy día parecemos compartir una premisa fundamental: queremos percibir el presente como una llegada, como un momento de plenitud —la cumbre de toda buena fortuna, OTAN, Maastricht, el fin de la ideología—. Nos gusta mirar el pasado como el vivero del jardín de flores de nuestro hoy, como la promesa de la plenitud. Bajo esta mirada, los problemas de hoy —y los de ayer— no son productos de la historia, sino accidentes, fechorías llevadas a cabo por individuos aberrantes —fundamentalistas, fanáticos, intransigentes—. En España el 98 no se conmemora para entender mejor los problemas de ayer (¿y hoy?) —como el autoritarismo— o los de hoy (y ayer) —como los «nacionalismos periféricos» desatados precisamente en 1898 por la disolución de un frágil pacto imperial—. El 98 parecería conmemorarse principalmente para otorgarle al *statu quo* del presente un blasón digno de admiración.

Quizá no debamos de sorprendernos ante este fenómeno; no se trata en absoluto de una peculiaridad española. Occidente rara vez busca en su pasado (y presente) colonial e imperial las explicaciones de sus problemas más candentes hoy día, esos problemas molestos que, a pesar del bien intencionado *troubleshooting* de los órganos de Occidente, no dejan de alzar la cabeza: Cuba, el Medio Oriente, Yugoslavia, el racismo, las dictaduras poscoloniales, etc.

Es irónico: más que cualquier otro rasgo de la España contemporánea, quizá sea precisamente esta visión de la historia, esta capacidad de conmemorar olvidando, lo que mejor comprueba que España en realidad no es diferente, que por fin pertenece plenamente al Nuevo Orden Mundial.

La transición quijotista

CHRISTOPHER BRITT

Parece que no es sólo el sueño de la razón, sino también el de la memoria histórica, el que produce monstruos. Considérese, por ejemplo, aquella ingeniosa estrategia con el que los gobiernos de Felipe González pretendieron incubrir su política antiterrorista. ¿Representan los GAL una superación del terrorismo estatal puesto en práctica por el régimen franquista? O piénsese en la militancia micronacionalista de las periferias españolas. ¿Representan estos micro-nacionalismos la superación del casticismo? O si se prefiere, piénsese en los inexistentes debates nacionales sobre el 92, en primer lugar y, pocos años más tarde, el 98 —fechas emblemáticas, estas dos, que en vez de ser discutidas con rigor han sido mediática y espectacularmente celebradas—. ¿Representa esta política cultural, este silencio promovido desde arriba, primero por los Socialistas y ahora por el Partido Popular, la superación de la censura y la complicidad intelectual con la misma? Los fantasmas esperpénticos del pasado actúan como una pesadilla en la posmodernizada cultura española de transición.

La idea misma de una transición presupone el tránsito desde un lugar a otro, el cambio de una condición por otra. Así pues, al tratarse del caso español, se suele explicar el paso político del régimen franquista a un régimen democrático como un cambio de sensibilidad, de naturaleza, de identidad. Esa explicación de lo ocurrido en la España posfranquista se entiende perfectamente si se tiene en cuenta el hecho de que en España sí ha habido un cambio de gobierno. España es hoy día una democracia... y sus prácticas políticas, se dirá, son tan democráticas como lo pueden ser o no ser las de cualquier otro gobierno ligado a la Unión Europea. No obstante, cabe preguntarse si ese gobierno está generosamente apoyado, respaldado y protegido por una cultura que sea, a la vez, democrática. Es decir, cabe preguntarse si, en el ámbito cultural, se debe considerar que ha habido una auténtica transición a la democracia o no.

Esta duda respecto al carácter democrático de la actual cultura española nace, entre otras razones, a la luz del ideario español impulsado, en los últimos años, por el gobierno popularísimo de José

María Aznar. De ningún modo representa esta doctrina nacional —presentada en su conjunto por Aznar en un ensayo de 1994 titulado *La segunda transición*— algo nuevo respecto al pasado inmediato español. Más bien, se trata de un credo harto parecido a aquel nacionalismo cultural que, en su momento, engendró y sirvió para justificar el fascismo español. Me refiero, en cuestión de un nacionalismo cultural «moderno» español, a aquel *quijotismo* regenerador promulgado hacia principios del siglo XX por algunos de los intelectuales más célebres de aquella época: pensadores tales como Azorín, Joaquín Costa, Ángel Ganivet, Ramiro de Maeztu, José Ortega y Gasset y, por supuesto, Miguel de Unamuno. Se trata, por lo tanto, del mismo *quijotismo* que fue enaltecido explícita y oficialmente por la dictadura de Primo de Rivera —de ahí el monumento a Cervantes que figura en el centro de la Plaza de España, en Madrid— y que, años más tarde, se vio implícita y programáticamente incorporado al discurso falangista de José Antonio. Me refiero, en fin, al *quijotismo* regenerador de imperios quiméricos que ha marcado, desde 1898 hasta 1998, el primer siglo de una España sin imperio. Es éste el *quijotismo* al que alude Aznar cuando proclama que, en la España de hoy, «hace falta... desarrollar una nueva mentalidad y unos nuevos hábitos sociales en el decurso de nuestra vida política, marcado, indefectiblemente, por las anomalías históricas que España ha padecido desde 1898» (1994, 181).

¿Y la reacción colectiva del pueblo español ante semejante recuperación de este *quijotismo* heredado de la tradición primitiva española? Aplausos: según las urnas electorales. Indiferencia: según el silencio acrítico de los medios de comunicación. Complicidad: según la agresiva política económica y cultural de la Nueva España para con sus ex colonias americanas.

Para explicar esta recia reacción popular ante la recuperación política de un ideario tan tradicionalmente español, quisiera recordar lo que ya han señalado repetidas veces varios intelectuales españoles —entre ellos Morán, Subirats y Vilarós— en los últimos años, y es que la base de la cultura española a lo largo de estos veinticinco años de transición ha sido formada por el olvido histórico. Así, por ejemplo, describe Teresa Vilarós el momento de la Transición como «el espacio donde se procesa el olvido, agujero negro que chupa, hace caer y encripta los desechos de nuestro pasado histórico, aquella nuestra historia maloliente que todos nos apresuramos a repudiar y que en gran parte todavía seguimos ocultando» (2000, 12-13). ¿Y qué tipo de cultura es la que se construye a base de semejante olvido y la mala (pero aparentemente feliz) conciencia que lo fomenta? Si hemos de creer a los promotores de la Nueva España, la respuesta sólo puede ser una: la cultura posmoderna, europeizante y globalizante de la España de hoy.

Pero la actual cultura española es una cultura cuya supuesta posterioridad a la modernidad no puede ser sino un simulacro. Para que exista una España posmoderna tiene que haber existido, en algún momento anterior a ella, una España plenamente moderna. Y éste no es el caso. Ciertamente, desde la época de Jovellanos, España ha conocido algún que otro gesto moderno, algún que otro impulso crítico, pero nunca se ha construido en España una cultura a base de una sostenida y rigurosa crítica de la tradicional identidad nacional. Y donde no haya una crítica de esta estirpe, tampoco puede haber una conciencia moderna propiamente dicha. Por lo tanto, parece que lo que la transición española ha dado a olvidar y desechar del pasado no es meramente el legado autoritario de la época franquista, es también el fenómeno de la «insuficiente» y «ambigua» modernidad española (Subirats, 1993, 69-80). Entre los espacios, signos y figuras de la simulada posmodernidad de la España actual se encuentran, pues, aquellos fantasmas del pasado que, por haber sido negados, han vuelto a ocupar su tradicional puesto dentro de la conciencia nacional española: casticismo nacionalista, hispanismo imperial, elitismo caudillista, fanatismo idealista y un largo *etcétera* de intolerantes y violentas pretensiones autosuficientes. Parece que, como quiere Aznar, pueden ya los españoles presumir de ser una vez más «aquel pueblo en alza... que soñaron los pensadores y poetas del 98» (1997).

I

Que el *quijotismo* de antaño haya sido recuperado por quienes bregan, hoy día, por una España en alza no ha de sorprender. Y no ha de sorprender puesto que, igual a la actual cultura de transición, el *quijotismo* estaba basado en una conciencia histórica negativa. De ahí el sistemático rechazo, por parte de los *quijotistas,* al mundo moderno y sus formas culturales supuestamente decadentes —«¡Que inventen ellos!» predicaba Unamuno—. De ahí, también, la necesidad idealizante y utopista de los *quijotistas* para con la historia nacional española —Maeztu, por ejemplo, entendía que la conquista española de las Américas fue una «empresa evangélica» que creó «la unidad física del mundo» y «la unidad moral del género humano» (1934, pág. 23)—. De ahí, en fin, la voluntad mitificadora con que los *quijotistas* pretendieron regenerar la nación y recuperar, aunque fuera únicamente de modo cultural, el imperio español —así pudo Ganivet, por ejemplo, tras haber criticado a las masas españolas por su «abulia» prometerlas que «al renacer» bajo el signo del *quijotismo* ellas hallarían «una inmensidad de pueblos hermanos a quienes marcar con el sello de [su] espíritu» *(Idearium,* 178). Basado, de tal modo, en una conciencia negativa de la historia, el *quijotismo* construye un tipo nacional ideal: el don Quijote regenerador de la unidad nacional e imperial española.

¿Y cómo era, pues, este don Quijote *quijotista?* A diferencia de la visión popular de lo quijotesco, es decir, del quijotismo como una crítica escéptica del idealismo, estos «modernos» pensadores españoles recuperaron en la figura de don Quijote a un héroe estoico, místico, trágico y mesiánico, e interpretaron el *Quijote* de Cervantes, no como una novela satírica, sino más bien como el poema épico de la nación española —o lo que a Unamuno le daba por llamar «la Biblia nacional de la religión patriótica de España» (1958, 846). Así, por ejemplo, en el Prólogo que escribió a *Juan Corazón,* de Sánchez Díaz, Joaquín Costa concibe un don Quijote representante de aquel «sentimiento de idealidad» que «ha salvado a las razas indígenas de América... librándolas de desaparecer» (1992, 167); del mismo modo, Unamuno, en su *Vida de don Quijote y Sancho,* concibe a don Quijote como el trágico y agónico «Cristo español» (1985, 173); por su parte, Ganivet, en su *Idearium español,* se refiere a don Quijote como el «Ulises español», un héroe conquistador cuya «acción es una inacabable creación»(1990, 177); y Ortega, en sus *Meditaciones del Quijote,* propone a don Quijote como el representante de una elite potencialmente reformadora pero desgraciadamente «odiada» por el espíritu «plebeyo» y «rencoroso» de las masas nacionales (1987, 112); mientras que Maeztu, en su *Don Quijote, Don Juan y la Celestina,* entiende que don Quijote es la personificación del «amor» unificador de esa misma nación española. El don Quijote *quijotista* es, pues, la seña de identidad por antonomasia de una conciencia primitiva y antagónica a la modernidad, una conciencia que por haber sido ascética y místicamente conquistada se expresa en el mundo del único modo que conoce: conquistando.

Ahora bien, para poder apreciar la decisión tomada por estos pensadores de asociar este don Quijote *quijotista* con la nación española y celebrarlo como una figura regeneradora, es preciso contextualizar su *quijotismo* dentro del ambiente social y político de la Restauración. Acuñada entre la Primera y la Segunda República, la España de la Restauración gemía bajo la presión de guerras coloniales, de una angustiada modernización económica, del fraude electoral caciquista, del surgimiento de una organizada conciencia de clase y del poder fragmentario de unos movimientos micronacionalistas y separatistas. Estos conflictos engendraron un apasionado y prolongado debate nacional en torno a las causas de la aparente decadencia nacional y los remedios estimados como necesarios para regenerar la malograda modernidad nacional. Según lo formularon Azorín, Costa, Ganivet, Unamuno, Maeztu y Ortega, el *quijotismo* llegó a ocupar un lugar central dentro de este debate, definiendo tanto el carácter moral como el rumbo nacionalista que había de seguir.

Aunque la percibida decadencia de España debería haber inspirado a estos intelectuales a reflexionar crítica y analíticamente sobre su pasado inmediato, ellos se inspiraron por el contrario en un doble proceso de rechazo a la realidad histórica y de huida hacia un no lugar y un sin tiempo utópicos. De ahí, en gran parte, su interés en enaltecer la figura de don Quijote hasta las cimas de la iconografía nacional y de ver en el *Quijote* de Cervantes una posible fórmula para la regeneración de España.

Al leer el *Quijote* todo lector —hasta el más desocupado— sabe reconocer que, por razón de su amor a una imaginada Edad de Oro, don Quijote rechaza la percibida decadencia de la España «moderna» de su época. Don Quijote no puede, ni tampoco quiere, distinguir entre lo que es realidad histórica y lo que es realidad ficticia. Por eso se convence de que sólo con imitar a los héroes de sus amados libros de caballería podrá regenerar la sociedad española y resucitar aquel mundo dorado en que «todo era paz, todo amistad, todo concordia» (I, XI). De un modo muy parecido, en el *Quijote* leído, interpretado e inventado (o sea, reescrito) por los *quijotistas,* los don Quijotes de la época de la Restauración —«los cirujanos de hierro», según Costa; «los mejores», según Ortega; «los videntes», según Unamuno— tampoco deben estar conformes con la modernidad decadente de España. Tampoco han de querer ellos distinguir entre la historia y la ficción. Por eso se convencen los *quijotistas* e intentan convencer a los demás supuestos Quijotes de su época de que sólo con imitar a los héroes de la épica nacional (El Cid, Cortés, don Quijote) podrán regenerar la nación española y resucitar aquel mundo dorado en que «jamás se ponía el sol». Lo que quisieron ver y vieron los *quijotistas* en don Quijote era una voluntad que rechazaba la realidad del presente para así realizar, en el futuro, los ideales del pasado.

Por lo tanto, en su forma más ambiciosa, el *quijotismo* que profesaban estos pensadores proponía a don Quijote como un icono para la defensa de un imperio cultural «Hispano». De lo que se trataba era olvidar, ignorar y a toda costa negar la pérdida por España de sus ex colonias en las Américas y el Pacífico. Así pues, una Castilla cristianamente castiza, la Castilla habitada por el don Quijote místico y guerrero de Azorín y Unamuno, se proclamaba como el centro simbólico del imperio cultural español; y la literatura del Siglo de Oro español, literatura escrita en el castellano elevado de Nebrija, se planteaba como el lazo espiritual que había de mantener para siempre el resto de la Península Ibérica, tanto como a Latinoamérica, bajo el yugo del noble poderío creativo de lo castellano. Esta idea de una cultura «Hispana» basada en los valores *quijotistas* de un misticismo guerrero y conquistador se afirmaba como un contrapeso espiritual a las tendencias seculares del mundo moderno. De tal modo España se mantenía no sólo al margen, sino por encima de la modernidad. Su destino en el mundo de la «tragicomedia contemporánea», según una célebre formulación unamuniana, era nada menos que mesiánico. La huida *quijotista* del mundo moderno y de su historia habían de preparar, pues, el camino para la eventual participación de la nación española en ese mismo mundo decaído, no ya como su víctima, sino más bien como su guía espiritual y salvador.

Pero para poder llegar a realizar aquella misión espiritualizante, los *quijotistas* entendían que los nuevos don Quijotes de España —los «Caballeros de la Hispanidad», como los llamaba Maeztu— tendrían que enfrentarse con la decadencia nacional. Para llevar a cabo su cruzada, los Quijotes necesitarían un ejército de Sanchos disciplinados espiritual y socialmente. Por consiguiente, en su forma menos ambiciosa y puramente nacional, el *quijotismo* de estos intelectuales procuraba identificar la figura de don Quijote con la transformación moral y regeneración espiritual de toda la nación española. De lo que se trataba era proponer a don Quijote como un patriota ejemplar que podía servir como modelo de piedad a los Sanchos de España —a aquellas masas «rencorosas» que figuran como principio de antiheroicidad en la *España invertebrada* de Ortega—. Fue bajo el signo de esta crítica moral de la decadencia —los Sanchos querían ser libres pero no se sabían gobernar a sí mismos— que los *quijotistas* propusieron una solución elitista a los conflictos socioeconómicos y políticos de la Restauración. Para regenerar la nación, los modernos y escépticos Sanchos de España habían de abandonar el mundo moderno de su falsa libertad y reavivar su fe en los valores tradicionales predicados por su guía espiritual y amo, don Quijote. Sólo así podrían los Sanchos llegar a disfrutar de una verdadera emancipación. Y sólo de ese modo podría España ser regenerada y, habiendo sido regenerada, recuperar su imperio: un imperio espiritual que había de representar para todo el mundo una alternativa al imperio materialista, según lo entendían Ganivet y Unamuno, del Ulises anglosajón, Robinson Crusoe.

El furor y hambre con que se recibió y se impuso este credo *quijotista* en España es ya parte consagrada de la sangrienta historia contemporánea española. Aunque conocida por todos, quisiera —¿cómo no?— recordar algunas locuciones claves de esa historia. Por ejemplo, de entre los veintiséis puntos de la llamada «Norma Programática» de La Falange, el segundo reza: «España es una unidad de destino en lo universal. Toda conspiración contra esa unidad es repulsiva»; el tercero prosigue: «Tenemos voluntad de imperio... España alega su condición de eje espiritual del mundo Hispánico como título de preeminencia en las empresas universales»; el quinto insiste: «España volverá a buscar su gloria y su riqueza por las rutas del mar» (194?, 12-13). Hemos aquí nada menos y nada más que el *quijotismo* regenerador de imperios quiméricos articulado, en un principio, por Costa, Unamuno y Ganivet. Pero hay más. También habría de recordar cómo, en plena guerra civil, el caudillo de la España nacional-católica, Francisco Franco, proclamaba: «Estamos ante una guerra que reviste, cada día más, el carácter de cruzada, de grandiosidad histórica y de lucha trascendental de pueblos y civilizaciones. Una guerra que ha elegido a España, otra vez en la Historia, como campo de tragedia y honor, para resolver y traer la paz al mundo enloquecido hoy» (194?, 3). Aquí, ¿qué es lo que se encuentra sino el *quijotismo* trascendental y antirrobinsonianio de un Ganivet o un Unamuno? Por último, y con la intención de anticipar conclusiones, citaré al que hoy día pretende recuperar para los españoles la quimérica España regenerada e imperial del *quijotismo,* José María Aznar. Este insigne regenerador de la nación española, al contemplar el porvenir de España, afirma con orgullo patriotero que «España no es únicamente un país mediterráneo. Su rostro atlántico, que mira a América, no ha tenido la suficiente nitidez a la hora de dibujar nuestra política exterior en los últimos años. Debemos recuperarlo, porque sería un suicidio histórico renunciar o postergar... el "destino transatlántico" de España» (1994, 170). *¡Quijotismo!* ¿Dónde está, pues, la transición?

II

Al comenzar a enumerar sus normas programáticas, reunidas todas bajo el singular título de *La segunda transición,* José María Aznar afirma que, gracias a la transición a un sistema democrático, se sanó en España la «cruel dicotomía de guerra» y se superó la «división entre vencedores y vencidos» que venían caracterizando la vida social y cultural españolas bajo el franquismo (28). Afirma, a su vez, que también se remediaron o superaron «otras profundas divisiones nacionales» como pueden ser, según él, la «división de clases», la «división política» y la «oposición histórica... [entre] los nacionalismos territoriales... [y] el patriotismo común» (29). Con estas breves pero reveladoras frases, Aznar dibuja una transición utópica; una transición hecha toda de justicia, paz y armonía. Pero no todo va bien en ese milagroso jardín de la nueva democracia española. Aunque utópico, el jardín de Aznar parece estar lleno de serpientes. De ahí el aparente «debilitamiento» de la democracia española que Aznar liga a los sucesivos gobiernos del PSOE: gobiernos, éstos, que Aznar caracteriza (con acierto) de viciosos, escandalosos y corruptos. Frente a semejante violación del espacio sagrado de la transición, Aznar confiesa que lo único a lo que él aspira, siendo tan buen patriota y tan decidido demócrata, es revitalizar el régimen democrático español. Declara al respecto: «Para mí es un principio incuestionable que un proyecto político nacional que mire al futuro de España debe incluir un programa de revitalización democrática» (58).

De entre las varias formas de degeneración a las que la joven democracia española se ha rendido, Aznar comprende que la más peligrosa es la corrupción. Según la conceptualiza Aznar, esa corrupción española está ligada a la descomposición semántica que ha venido sufriendo la misma palabra «democracia» a lo largo de los últimos cien años. Explica Aznar: «A la democracia en su sentido auténtico, se le contraponía la "democracia popular" o la "democracia orgánica", con la pretensión de que se trataba de modelos con legitimidad semejante» (57). Paso seguido, Aznar relaciona los gobiernos del PSOE con estas formas no legítimas de la democracia: «el Partido Socialista ha convertido el principio de legitimidad democrática en palanca para patrimonializar el poder»; «bajo el amparo de su mayoría parlamentaria, [el PSOE ha sabido] obstaculizar hasta el extremo la labor de control de la oposición y despreciar la opinión de las minorías»; «[el PSOE] ha interpretado indebidamente la posesión de una mayoría parlamentaria como causa justificadora de una invasión partidista de las instituciones del Estado», etc. (58-59). De ahí, de ese concepto no democrático del poder, la resultante «proliferación de casos de corrupción y escándalos que han llenado páginas de la prensa internacional»; de ahí, en pocas palabras, el debilitamiento y descrédito de la democracia española.

Frente a esta decadencia de la joven democracia española, Aznar plantea la necesidad de sujetar el ejercicio del poder público bajo el yugo de un ideal democrático: «un ideal que constituya el fundamento de la lealtad al sistema» (59). Ese fundamento, razona Aznar, es la libertad negativa[1]. Libertad que inspira «desconfianza». Citando a Thomas Jefferson, Aznar expone su razonamiento así: «El gobierno libre se basa en la desconfianza. Es ésta y no la confianza la

---

[1] Utilizo el concepto de la «libertad negativa» según la formulación de Isaiah Berlin en su clásico estudio del liberalismo *Four Essays on Liberty,* Oxford, Oxford University Press, 1971.

que engendra constituciones que sujetan a aquellos a los que confiamos el poder» (63). Para poner fin a los «procesos degenerativos internos» del mismo sistema democrático, sugiere Aznar, es preciso «estar preparados» para la corrupción y jamás «bajar la guardia» (63). Es el deber de todo buen demócrata español, por lo tanto, vigilar a su prójimo ya que, por disfrutar cada uno de una misma libertad negativa, representa cada vecino una posible fuente de coacción externa. Las ideas de Aznar en torno a la revitalización de la democracia española no sólo influyen en la política, sino que también tienen profundas repercusiones sociales. Por lo tanto, entiende Aznar que es a base de la desconfianza generada por la libertad negativa que se ha de «edificar una sociedad vital y pujante en el seno de [la] democracia» española (105). Explica Aznar: «Una sociedad vital y pujante sólo puede edificarse a partir de una concepción que crea en el hombre que busca y forja su destino sin coacciones externas, que ejerce su libertad con responsabilidad y que tiene garantizada una esfera de autonomía propia» (106). Apoyando «la libre iniciativa de las personas y de los grupos» y rompiendo con la idea «aferrada al pasado» del «Estado como gran protector», Aznar espera poder revitalizar la democracia y la sociedad españolas (108). Se trata, claro está, de un programa de revitalización neoliberal, según el cual la democracia ganará en prestigio y credibilidad cuantas menos ataduras existan entre el Estado y sus ciudadanos.

Desde el punto de vista del ideal democrático postulado por Aznar, este discurso revitalizador parece impecable. La utopía de justicia, paz y armonía a que la sociedad española fue conducida durante la transición política ha de ser recuperada, sugiere este discurso, mediante la puesta en práctica de una política que permita a los españoles gobernarse a sí mismos. Pero..., y siempre parece haber un pero con Aznar..., junto a la credibilidad de la libertad democrática española, o más bien por encima de ella, Aznar busca articular otro programa regeneracionista. Este segundo programa, a diferencia del específicamente político y social del neoliberalismo, está articulado bajo una constelación de valores aristocráticos y frente a un horizonte de pretensiones neoimperiales. Se trata, pues, de un discurso basado, no en la defensa de la libertad negativa, sino en la de un primitivo patriotismo cultural. En última instancia, es este segundo programa de Aznar un programa de regeneración nacional.

En su forma más básica, este discurso a favor de la regeneración nacional española recuerda, de modo tajante, el regeneracionismo de los *quijotistas* —desde el elitismo orteguiano hasta el hispanismo de Maeztu—. E igual a aquel regeneracionismo de antaño, el de Aznar se basa en una crítica de carácter moral y ético ante la percibida decadencia nacional española. Así, por ejemplo, al analizar los orígenes del debilitamiento de la democracia española, Aznar enfatiza el carácter moral de la izquierda, tanto de sus líderes como de sus seguidores: carácter, éste, que se aproxima en más de una manera, al concepto de rencor según lo utiliza Ortega en sus dos ensayos más célebres — *España invertebrada* y *La rebelión de las masas*. Es precisamente en este sentido orteguiano que Aznar denuncia «la pretendida superioridad moral de la izquierda» insistiendo en que es «sumamente peligrosa... porque... exime de justificación a las conductas de quienes se identifican con ella» (60-61). Creyéndose moralmente superiores, y creyéndose merecedores de «poseer el derecho de gobernar "dos siglos" sin interrupción» los partidarios de la izquierda acaban, según Aznar, por confundir la libertad con el libertinaje (60).

Moralmente, la España de la Transición sigue siendo, según la comprensión orteguiana de Aznar, invertebrada. Explica Aznar al respecto: «La decepción que en los últimos... años han sentido amplios sectores de la población es producto de la carencia de un proyecto ilusionante y vertebrador» (181). Igual a Ortega, pues, Aznar pretende vertebrar la nación española: «afirmo que para el Partido Popular sigue vigente en esencia el programa de reconstitución del cuerpo social español basado en el principio nacionalizador a que aludía Ortega» (205). A saber, se trata de poner España, según la interpretación que hace Aznar de Ortega, «a la altura de los tiempos» (205). España ha de atenerse, pues, a su «misión histórica» y, de tal modo, llevar a cabo su «proyecto sugestivo de vida en común» (204). Claro que lo que no explica Aznar acerca de la idea orteguiana de estar «a la altura de los tiempos» es que, según Ortega, una sociedad llega a estar a esa altura sólo cuando las masas abandonan todo intento de gobernarse a sí mismas y reconocen el liderazgo de quienes son, según este filósofo, «los mejores».

Así, frente a la percibida decadencia moral española, Aznar plantea la necesidad de organizar la vida nacional en torno a un ideal elitista y universalista. No se trata, ya, de un ideal democrático. Más bien se trata de lo que Aznar toma por ser «lo mejor» que contiene «el legado histórico» de España, a saber: un «ideal humanista, el cual coloca a la persona, a su libertad, a su dignidad y a su elevación moral por encima de cualquier otro logro o valor» (205). Obedeciendo los preceptos de este «ideal humanista», Aznar imagina que se podrá recuperar la «raíz y el decoro de España» y llevar a cabo «la regeneración ética de [la] vida colectiva» española (206).

En cuanto se articule como alternativa regeneradora ante la percibida decadencia moral de la izquierda y de sus masas embebidas de socialismo, el idealismo humanista de Aznar se relaciona con el ideal del «humanismo español» pintado por Maeztu en su *Defensa de la Hispanidad*. Allí Maeztu acusa al «humanismo del orgullo», es decir, al liberalismo, y al «humanismo materialista», esto es, el comunismo, de ser las dos principales formas modernas de un humanismo ya degenerado (1934, 68-74). Como alternativa regeneradora, Maeztu postula la recuperación del humanismo tradicional. Según Maeztu, el postulado más básico de este tradicional «humanismo español» es que «no hay pecador que no pueda redimirse, ni justo que no esté al borde del abismo» (1934, 65). El «humanismo español», según Maeztu, es una fuerza que une a todo el mundo bajo un mismo orden moral y ético. Se trata, claro está, de una conciencia de culpabilidad y del concepto del *Orbis Christianus* a ella ligada. «[N]uestro destino en el porvenir es el mismo que en el pasado», escribe Maeztu al respecto, «atraer a las razas distintas a nuestros territorios y moldearlas en el crisol de nuestro espíritu universalista» (1934, 191). Es gracias a ese espíritu católico —espíritu que puso «una misma posibilidad de salvación ante todos los hombres»—, que se «constitu[yó] la unidad moral del género humano» y se «[hizo] posible la Historia Universal» (1934, 23).

De un modo parecido, Aznar celebra el supuesto legado humanista español como la base de la proyección unificadora de la cultura nacional española: «La cultura española, parte eminente de la occidental, ha dado lugar... a la extensión de esta cultura occidental por varios continentes, agrupando hoy a centenares de millones de seres humanos, en más de veinte países, en la cultura hispánica» (203). Esa proyección global, mantiene Aznar, ha de ser recuperada: «El desafío para una nación como España está en desempeñar, en toda la medida de sus posibilidades, un papel activo en el establecimiento del sistema global que regirá el siglo XXI» (154). Asimismo añade Aznar que «recuperar ese sentido del esfuerzo creativo de la responsabilidad y dignidad que suponen contribuir a la mejora de la civilización, forma parte de una tarea nacional con proyección universal que debe inspirar la presencia de España en el mundo» (153). Una vez más España ha de emprender un proyecto civilizatorio y, con un «esfuerzo creativo» y ganivetiano, unir a todo el mundo bajo el «sistema global» con que ella sabrá dirigir el siglo XXI.

La diferencia, en cuanto a proyección universal, entre el ideal humanista de Maeztu y el de Aznar radica en que el humanismo de Maeztu produce, en última instancia, una unidad cultural cristiana mientras que el humanismo de Aznar busca usar la credibilidad de la democrática Unión Europea como una nueva base ética para la proyección global de la nación española. «A España le interesa una mayor proyección atlántica y contribuir a que Europa también la tenga» (170). Como miembro de la Unión Europea, España ha de aspirar al mando de la misma. Confiesa Aznar:

No se trata sólo de «estar» en Europa sino de «ser», como españoles, fieles a la Europa universal que ha contribuido a forjar nuestra civilización... Si España quiere «estar» y «ser» tiene que asumir un liderazgo... asumir las obligaciones... que le corresponden y no renunciar a una legítima ambición (154).

El caso de Cuba demuestra, como tal vez ningún otro, cómo concibe Aznar esa obligación civilizatoria, esa ambición globalizante, ese «ser» y «estar» en el mundo como representante de la «Europa universal». Él nos dice: «España tiene que jugar un papel destacado en la transición democrática que, inevitablemente, Cuba necesita. Creo que tenemos algunas lecciones importantes que aportar en beneficio de la futura estabilidad y libertad de la isla» (173). Así pues, los logros de la transición española sirven para justificar una nueva proyección española hacia sus ex colonias en las Américas.

Todo esto, desde la regeneración ética de la nación hasta la recuperación de una proyección cultural universal, todo este *neoquijotismo,* en fin, es posible gracias a la negativa conciencia histórica que subyace al discurso de Aznar. Es gracias al olvido que todo se vuelve posible en el mundo narrado por Aznar. «Es hora de superar en España un cierto complejo histórico», predica, y añade que, «junto a la credibilidad, España necesita una nueva leyenda» (152). Para la regeneración, la nación española no necesita únicamente ser legitimada como europea, necesita a su vez un nuevo mito nacional-imperial en torno al cual organizar sus tal llamadas «fuerzas creativas». Escribe Aznar: «Frente a la España negra como leyenda maldita, o a una España en permanente decadencia se tiene que imponer la España creadora, con espíritu abierto y emprendedor, y que asume con seriedad sus compromisos» (152-153).

De por sí, cuestionar la leyenda negra representaría un proyecto intelectual respetable. Pero a Aznar no le interesa armar una crítica de esa leyenda ni mucho menos enfrentarse analíticamente al legado de masacres colonizadoras, sacrificios expiatorios, inquisiciones intransigentes y misticismos militantes que caracterizan la actuación de la conciencia primitiva española en el mundo medieval, en el mundo moderno y, si nos hemos de guiar por el siglo XX, en el mundo contemporáneo también. No, en vez de enfrentarse seriamente a este extremadamente ético «patrimonio nacional», prefiere despedirlo con un gesto imperioso: Admite Aznar:

> En ocasiones la intransigencia religiosa, una mal entendida razón de Estado o los enfrentamientos fratricidas han alejado de nuestro seno a grupos cuya ausencia nos ha empobrecido humana y materialmente. Pero, con una perspectiva histórica, nuestra actitud frente a lo distinto se ha caracterizado por la aceptación y la tolerancia (29).

Será por razón de esa misma perspectiva histórica de tolerancia y aceptación que, al discutir el patrimonio cultural español, Aznar insista en la necesidad de «proteger» la Iglesia Católica y no diga nada de proteger la Mezquita Musulmana ni tampoco nada de proteger la Sinagoga Judaica. Esta sumaria negación, este apresurado vaciamiento de la memoria colectiva española e hispanoamericana, le sirve a Aznar como una base sobre la cual construir una leyenda que, según él, es nueva. Según esa leyenda, España es «creativa», «ética» y «humanista». Es también productiva y laboriosa. Gracias a ello pueden sus «socios iberoamericanos» disfrutar, una vez más, de los centenares de empresarios, técnicos, profesionales y universitarios españoles que, según Aznar, han sabido «descubrir y aprovechar las grandes posibilidades que se ofrecen hoy en América» (172). España vuelve a «descubrir» el mundo nuevo... y a conquistarlo. Si bien en el pasado la actuación española en el nuevo mundo se justificaba mediante los requerimientos legitimados por la bula *Inter Cetera* del papa Alejandro VI, ahora intenta Aznar justificar la reconquista de América a base del ideal supuestamente democrático y humanista del libre comercio (Subirats, 1994, 70).

Ni tan distinta ni tan nueva resulta ser esta España aznarianamente regenerada de la España que, para finales del siglo XIX y comienzos del XX, los *quijotistas* imaginaron e inventaron, narrando una «nueva» leyenda que de por sí ya era capaz de borrar, silenciar y olvidar una gran parte de la realidad histórica española. He aquí, en la negación de la realidad histórica española, el principal motivo tras la recuperación, por parte del líder del Partido Popular, del *quijotismo*. *Quijotismo* es lo que quieren Aznar y sus partidarios cuando insisten en la necesidad de crear, para los españoles desengañados de la transición, un proyecto «ilusionante y vertebrador». Ilusión imperial y vertebración nacional. La "segunda transición" ideada por Aznar es la grotesca figura de una todavía malograda cultura democrática española encaminándose hacia el *quijotismo* regeneracionista de antaño.

BIBLIOGRAFÍA

AZNAR, José María, *La segunda transición,* Madrid, Espasa Calpe, 1994.
— Primer Pleno de la Comisión Organizadora del «Centenario de 1898», Salamanca, 1997.
AZORÍN, *La ruta de Don Quijote,* Madrid, Biblioteca Renacimiento, 1915.
BERLIN, Isaiah, *Four Essays on Liberty,* Oxford, Oxford University Press, 1971.
COSTA, Joaquín, *Oligarquía y caciquismo y otros ensayos,* Madrid, Alianza, 1992.

FRANCO, Francisco, «Franco Proclama la unificación» en La Falange y Cataluña, Madrid, Delegación Nacional de Prensa y Propaganda, 1947.
GANIVET, Ángel, *Idearium español,* Madrid, Espasa Calpe, 1990.
MAEZTU, Ramiro, *Defensa de la Hispanidad,* Madrid, 1934.
— *Don Quijote, Don Juan y la Celestina,* Madrid, Espasa Calpe, 1925.
ORTEGA y GASSET, José, *España invertebrada,* Madrid, Alianza, 1992.
— *Meditaciones del Quijote,* Madrid, Alianza, 1987.
SUBIRATS, Eduardo, *El continente vacío,* México, Siglo XXI, 1994.
— *Después de la lluvia,* Madrid, Temas de Hoy, 1993.
UNAMUNO, Miguel de, *Obras Completas,* Madrid, Afrodisio Aguado, 1958.
— *Vida de Don Quijote y Sancho,* Madrid, Espasa Calpe, 1985.
VILARÓS, Teresa, *El mono del desencanto,* Madrid, Siglo XXI, 1998.

Intransiciones lingüísticas

CARLOS SUBIRATS RÜGGEBERG

LINGÜÍSTICA NACIONALCATÓLICA: CRÓNICA DE UNA MUERTE ANUNCIADA

El vacío que dejó en el mundo académico la diáspora intelectual que provocó la Guerra Civil Española fue un trágico punto de partida para la reconstrucción de la vida universitaria. A su vez, el autoritarismo de la Universidad de la dictadura constituyó un enorme lastre para el desarrollo intelectual y la creación científica. De hecho, poco se podía esperar de una Universidad en que la lealtad al régimen sustentaba el altar en que se tenía que inmolar la vida universitaria. La lingüística no pudo sobrevivir en este entorno; sucumbió inevitablemente bajo el lastre de la filología de corte tradicional inspirada en la obra de Menéndez Pidal. Sin embargo, durante esta época surgieron individualidades que crearon obras importantes para la lingüística española.

Cronológicamente, las tres obras más importantes de este período son posiblemente *Fonología Española según el método de la Escuela de Praga* (Madrid, 1950) de Emilio Alarcos Llorach, *Gramática española* (Madrid, 1951) de Salvador Fernández Ramírez y, finalmente, *Diccionario de uso del español* (Madrid, 1966) de María Moliner. A pesar de la importancia que han tenido estas tres obras, respectivamente, para la fonología, la sintaxis y la lexicografía españolas, la acogida que tuvo cada una de ellas por parte del mundo académico fue muy distinta.

La obra de Emilio Alarcos se utilizó como un manual universitario y tuvo mútliples reediciones. Esta obra tuvo una gran importancia porque contribuyó a sentar las bases de la fonología estructural española y ayudó a difundir las ideas del estructuralismo lingüístico. Por el contrario, la *Gramática* de Fernández Ramírez[1], cuya primera

---

[1] Tras su muerte, Fernández Ramírez dejó una importante documentación sobre el proyecto lingüístico que no llegó a finalizar durante su vida. A partir de dicha documentación, Ignacio Bosque reconstruyó la obra de Fernández Ramírez, *Gramática española. El verbo y la oración* (Madrid, Arco Libros, 1986). Esta admirable labor reconstructiva constituye posiblemente una de las contribuciones más interesantes del profesor Bosque a la lingüística española.

edición apareció en 1951, tuvo que esperar treinta y cinco años para ver su segunda edición. Sin duda, en el marco de un mundo académico anestesiado por la filología tradicional, fue el carácter innovador de dicha obra lo que motivó, en primer lugar, que no recibiera en su momento la valoración que merecía y, en segundo lugar, que no se reeditara en vida del autor. La *Gramática* de Fernández Ramírez tenía dos aspectos revolucionarios para la lingüística española de su época. Por un lado, rompía con la tradición gramatical, en la medida en que no partía de la utilización implícita de criterios nocionales y formales para explicar los fenómenos sintácticos; por otro lado, su modelo sintáctico estaba sólidamente documentado desde el punto de vista empírico. Sin duda, la modernidad de sus planteamientos chocó con los esquemas anquilosados de la filología de aquella época, que no comprendió la importancia y la trascendencia de su trabajo para la lingüística española. Posiblemente por ello, el *Curso superior de sintaxis española* (México, 1943) de Samuel Gili Gaya, un manual de sintaxis que, a pesar de sus aspectos novedosos seguía anclado todavía en los planteamientos clásicos de la gramática tradicional, tuvo una incidencia muchísimo mayor que la obra de Fernández Ramírez en los estudios universitarios de filología de la España de aquella época.

La suerte que corrió la obra de María Moliner fue distinta a la de los autores mencionados anteriormente. Su *Diccionario* tuvo una excelente acogida editorial y se hicieron múltiples reediciones. Existen incluso reediciones actuales que han respetado las características básicas de la estructura inicial de su obra. Uno de los aspectos más progresivos de María Moliner fue utilizar ejemplos de uso para ilustrar el significado de cada una de las acepciones de las entradas del *Diccionario*. Su trabajo se desarrolló con tal precisión que incluso en la actualidad sigue siendo un diccionario útil tanto para los usuarios de la lengua como para los especialistas. María Moliner innovó la lexicografía española en un momento, en el que, como señala Teresa Fuentes[2]:

> aún no se había desarrollado en España una lexicografía didáctica que pudiera llevar este nombre, cuando el estudio del léxico parecía irremisiblemente desligado del componente gramatical, cuando algunas de las actuales líneas de investigación en lingüística aún no tenían cabida entre nosotros.

Naturalmente, en la España machista de los años 60 —época en que las mujeres necesitaban una autorización escrita de sus maridos hasta para poder abrir una cuenta bancaria—, que una mujer

---

[2] *http://cvc.cervantes.es/actcult/mmoliner/raiz/fuentes.htm*

desarrollara un diccionario superior en múltiples aspectos al de la Real Academia Española era algo que esta institución no le iba a perdonar jamás. Fue justamente por la extraordinaria importancia de su obra lexicográfica por lo que esta Institución no la nombró académica de la lengua. Era tan enorme la humillación que representaba para ésta el hecho de que una *mujer* de forma independiente pudiera realizar una obra lexicográfica de semejante consistencia, que la Academia actual no ha tenido ni la grandeza, ni el valor, ni la elegancia de reconocer la mezquindad que supuso no haber reconocido el trabajo de una de las grandes lexicógrafas[3] del siglo XX. Quizás ése era un precio que tenía que pagar inevitablemente.

La incompetencia posfranquista

El fin de la dictadura en 1975 hacía presagiar la vuelta a una normalización en la vida política, cultural y científica y, por tanto, una profunda renovación en el mundo universitario español. Esta renovación no tuvo lugar. Aunque se suprimieron los nombramientos *a dedo* y cambiaron los cargos académicos mediante elecciones, el mundo universitario no experimentó la transformación democrática que se dio inicialmente en la vida política española. *No hubo una verdadera transición democrática en la Universidad.* Ello posibilitó que quedaran prácticamente intactas algunas de las estructuras autoritarias de la Universidad de la dictadura. Así, por ejemplo, análogamente a lo que sucedía en el período franquista, la vida universitaria sigue regida por jerarcas cuya legitimidad está al margen de su capacidad docente o investigadora. Hoy lo mismo que ayer, la jerarquía universitaria, por un lado, y la calidad científica y docente, por otro, siguen siendo instancias paralelas que, en algunos casos, están representadas por grupos con intereses no sólo distintos, sino radicalmente enfrentados. La falta de democracia en el mundo universitario ha permitido que clanes de funcionarios, unas veces de forma independiente, otras veces subordinados, en primer lugar, a los intereses de partidos políticos, y, en segundo lugar, a los interes de grupos de características diversas, como por ejemplo, el Opus Dei, los etnonacionalismos, etc., se hayan convertido en poderosísimos colectivos que imponen su ley al margen de cualquier racionalidad académica basada en criterios de calidad y de competitividad.

Una de las diferencias fundamentales entre los actuales jerarcas y sus predecesores franquistas consiste básicamente en que los pri-

---

[3] Cf. *http://cvc.cervantes.es/actcult/mmoliner/*

meros, es decir, los nuevos mandarines han aprendido a utilizar los medios. En efecto, es frecuente ver a grupos de rectores con aspecto circunspecto —todos ellos dependientes de grupos de presión ajenos al mundo académico o empresarial—, lanzando proclamas sobre la importancia de la calidad de la docencia o sobre la necesidad de establecer sólidos contactos entre la Universidad y la empresa. Análogamente, encontramos noticias sobre las Universidades en los periódicos, desde informaciones totalmente banales hasta informes aparentemente cruciales para mejorar la calidad de los estudios universitarios, como, por ejemplo, el *Informe* Bricall[4]. A pesar de su diversidad, todas las informaciones que aparecen en los medios tienen las mismas características: se plantean los problemas universitarios desde una perspectiva irreal y nunca se aborda de forma clara y directa el problema básico que sustenta la degradación de la Universidad española, concretamente, la corrupción en el proceso de contratación del profesorado (del que hablaremos más adelante). El mencionado *Informe* Bricall es posiblemente un ejemplo paradigmático de este tipo de planteamientos.

Aunque desde el punto de vista técnico, el valor de las intervenciones en los medios de los nuevos caciques universitarios es totalmente banal, no hay que infravalorar su importancia desde el punto de vista de su repercusión mediática. De alguna forma, contribuyen a tranquilizar y a confundir a la opinión pública en relación con el degradado entorno académico. Lo importante de este espectáculo mediático no es evidentemente su vacío de contenidos, sino la ficción que crean de que «se está haciendo algo para mejorar la situación en las Universidades españolas». En este sentido, se trata de un discurso realmente eficaz, puesto que la nueva demagogia mediática eleva una imagen verdaderamente dorada de modernidad. La connivencia de ciertos medios con el nuevo caciquismo académico no es un secreto, puesto que omiten sistemáticamente en los debates televisivos, las informaciones periodísticas, etc., la presencia de profesores, estudiantes etc., que pongan en cuestión el nuevo autoritarismo de la Universidad española, que denuncien la falta de calidad de la docencia o las gravísimas carencias de las bibliotecas y las instalaciones, y, muy especialmente, que denuncien los procedimientos caciquiles que rigen los concursos «a la española» de contratación de profesorado. De hecho, hay una complicada red de relaciones, que en la práctica se convierte en una connivencia de hecho entre ciertos medios, determinados partidos políticos y los clanes que controlan realmente la Universidad.

---

[4] *http://www.iued.uned.es/iuedtecinfor/debates/bricall/bricall.html*

Sin embargo, aunque la utilización de los medios introduce un cambio significativo —al menos de cara al exterior— en la actuación de la burocracia militarizada de nuestras Universidades, los procedimientos que sirven para controlar al profesorado siguen siendo los mismos que los del franquismo: los nuevos dictadorcillos siguen utilizando prácticas represivas para borrar literalmente todo vestigio de oposión, crítica o denuncia de la degradación del mundo académico.

Epistemología transicional de la corrupción

Los mecanismos fundamentales para consolidar el autoritarismo universitario y para mantener en puestos clave a grupos científicamente incompetentes han sido y siguen siendo básicamente los siguientes:

- El bloqueo sistemático de la contratación de licenciados, investigadores, profesionales, etc., que no hayan dado muestras previas de lealtad a los clanes y mafias académicas que controlan los departamentos universitarios. Este mecanismo bloquea incluso la contratación de profesionales de prestigio internacional.
- Un sistema burocratizado y agusanado de contratación de profesorado, que ha convertido los «concursos públicos» en escenificaciones esperpénticas sin otra utilidad que la de legitimar virtuosamente decisiones negras de clanes organizados al margen de cualquier consideración de tipo académico, científico o docente.
- La eliminación sistemática de los profesores, investigadores, profesionales, etc., que no acatan la estructura autoritaria de los departamentos universitarios. Esto se ha conseguido básicamente negando la renovación de contratos a los profesores «rebeldes» —o simplemente críticos— en régimen de contratación temporal e impidiendo la promoción laboral de los profesores «disidentes» con contrato indefinido.

El grado de putrefacción del sistema de contratación de profesorado de las Universidades españolas ha llegado hasta tal extremo que ha sido denunciado incluso por prestigiosas revistas científicas extranjeras. Éste fue justamente el tema del editorial de la revista *Nature*[5], titulado *Spanish universities and the obstacles for development*

---

[5] *http://members.es.tripod.de/aacte/PRENSA/texto_nature.html#sec1*; cfr. también: *http://members.es.tripod.de/aacte/AACTE/recortes_prensa.html*, donde se encontrarán múltiples enlaces a artículos de prensa que denuncian el actual sistema de contratación de profesorado.

(diciembre de 1998), donde se pone en cuestión la posibilidad de crecimiento y de regeneración de la Universidad española:

> A viable science base requires a commitment to excellence and imagination that is incompatible with rigidity and cronyism. Spain needs to absorb this lesson if it is to flourish scientifically and economically.

Este sistema está impidiendo el desarrollo material de la investigación y, por supuesto, de una nueva lingüística que pueda hacer frente a los retos económicos y políticos que tiene planteados en este momento el español.

LOS MANDARINES CONTRA LA MODERNIZACIÓN

Los nuevos caciques no han tenido ninguna motivación para potenciar realmente la calidad de la docencia, el desarrollo de la investigación o las relaciones con el mundo empresarial. Al contrario, estos virus sistémicos se han inmunizado mediante la consolidación de una política de «igualitarismo» universitario, íntegramente heredada del franquismo civil. Con semejantes gestos —muchas veces en contra incluso del espíritu progresista del propio Ministerio— han intentado poner todo tipo de trabas a la movilidad de estudiantes y profesores[6], y, en especial, han intentado impedir por todos los medios que la financiación de las Universidades se otorgue con criterios competitivos en función de la calidad de la docencia y de la investigación. Es fácil explicar la actitud proteccionista de estos clanes: la institucionalización de criterios competitivos para la asignación de fondos a las Universidades españolas, la creación de una verdadera competitividad entre Universidades, y la potenciación de la movilidad de estudiantes y profesores, los arrinconaría rápidamente, y cercenaría de raíz su posibilidad de controlar los centros de poder universitarios.

El hecho de que los nuevos mandarines hayan conseguido que las Universidades no tengan que competir entre sí para obtener una mejor financiación ha impedido también crear una jerarquía de Universidades en función de la calidad de su docencia y, como consecuencia de ello, no existe tampoco en España una jerarquía de títulos universitarios en función del nivel y de la calidad de la Universidad

---

[6] En este aspecto, no hay que olvidar el nefasto papel que juegan los etnonacionalismos periféricos, cuya política sectaria y excluyente pretende convertir España en cuatro compartimentos estancos.

que los ha otorgado. La uniformidad forzosa entre Universidades impide también que éstas puedan realizar una selección real de sus profesores (que vaya más allá de los actuales concursos-chapuza) e impide que las Universidades puedan seleccionar realmente a sus estudiantes en función de la capacidad demostrada en sus estudios anteriores. La falta de una competencia real entre los centros de enseñanza superior en España constituye el caldo de cultivo que permite a las elites más zurdas copar los centros de poder académico. Esta situación no sólo no ha remitido, sino que ha aumentado en la última década, ampliando en una suerte de estrafalaria progresión inversa la brecha tecnológica entre nuestras Universidades y las de los países más industrializados.

LA LINGÜÍSTICA COMPUTACIONAL: UNA ESPECIE EN AUGE

El aumento creciente de la difusión de información comercial y científica a través de redes mundiales como Internet, así como el crecimiento de la difusión por medios electrónicos de periódicos, revistas científicas, enciclopedias e incluso libros, ha impulsado el desarrollo de la lingüística computacional, cuyo objetivo es crear aplicaciones que permitan tratar automáticamente la información lingüística. La eficacia de dichas aplicaciones depende en gran parte de sus posibilidades para simular nuestra capacidad de conceptualización, que se ha estructurado histórica y culturalmente en las lenguas naturales. Por ello, la lingüística computacional se ha centrado en el estudio de las formas fonéticas, sintácticas y semánticas que vehiculan la información y en la representación de dicha información en formas no ambiguas, que puedan ser tratadas por medios electrónicos, simulando los procesos que estructuran nuestro pensamiento.

Asimismo, durante las últimas décadas, la creciente utilización de los ordenadores para funciones no relacionadas directamente con el cálculo científico ha introducido cambios sustanciales en las aplicaciones de la informática. La utilización de los ordenadores se ha ido extendiendo progresivamente hacia usos comerciales y gubernamentales y, en la medida en que el 90 por 100 de la información que se requiere para el desarrollo de actividades comerciales y gubernamentales se encuentra en soporte electrónico, el tratamiento automático de la información ha ido adquiriendo una importancia económica y política creciente. En este contexto, la precisión de los sistemas de tratamiento automático de la información resulta crucial, puesto que la capacidad y la rapidez de acceso automático a la información depende justamente de la precisión de dichos sistemas. Por ello, el tratamiento automático de la información constituye en la actualidad una de las prioridades básicas de los programas de investigación y desarrollo tanto nacionales como europeos. Dada la importancia económica y política de la tecnología de la información, los países más industrializados han realizado grandes inversiones, por un lado, para el desarrollo de investigación básica y, por otro, para potenciar y acelerar su reutilización en el desarrollo de tecnología y de aplicaciones comerciales. En España existe también una clara preocupación por el desarrollo de una tecnología centrada en el tratamiento automático de la lengua española. Dentro de estos planteamientos, el Ministerio de Educación ha potenciado programas nacionales de investigación que han impulsado el desarrollo de numerosos proyectos de investigación, colaboraciones con centros de investigación internacionales y proyectos con empresas. Como resultado de estos proyectos, se ha creado parte de la investigación básica necesaria para el desarrollo de tecnología y aplicaciones comerciales para el tratamiento automático de la lengua española.

La necesidad de utilizar medios informáticos para tratar automáticamente la información lingüística ha provocado también una profunda transformación en las características de los estudios universitarios sobre lenguas. Es cierto que la transformación que sufrió la filología hasta convertirse en la lingüística moderna tiene una larga historia, que, de hecho, se remonta a los cambios introducidos por el estructuralismo: en primer lugar, desligar el estudio de las lenguas de la investigación de su evolución a lo largo de la historia y, en segundo lugar, eliminar la utilización de criterios teóricos intuitivos, ya que éstos constituían un lastre para la construcción de una verdadera ciencia del lenguaje. Sin embargo, ni el desarrollo del estructuralismo, ni posteriormente el de las teorías de carácter especulativo de Chomsky estuvieron tan drásticamente condicionados por intereses comerciales o informáticos como las teorías actuales. De hecho, la lingüística computacional no se puede concebir al margen de los intereses informáticos y comerciales que han contribuido a su desarrollo.

En este contexto, dado que la renovación de los programas de estudio de la lengua española en el marco universitario entrañaría un importante cambio en las estructuras de poder, las mafias universitarias simplemente impiden su modernización, mostrando abiertamente que pueden ejercer su autoritarismo y que pueden actuar al margen de cualquier racionalidad científica. Estos dignatarios de la *filología oficial* española han impuesto canónicamente modelos obsoletos de carreras universitarias. De hecho, los estudios universitarios actuales de Filología Española tienen una concepción tan desfasada y anacrónica que en ellos todavía sigue siendo obligatorio estudiar de forma conjunta la lengua y la literatura, sin que exista la posibilidad de realizar estudios de licenciatura realmente especializados en cada una de estas dos áreas del conocimiento. Paradójica u obscenamente, la lingüística española no existe como una realidad institucional (a pesar de que el primer departamento de lingüística se fundó hace más de medio siglo en EEUU). Y la Filología, como puede esperarse, se estudia todavía dentro de los esquemas trasnochados de categorías decimonónicas de erudición escolástica.

El Ministerio de Educación, a través de la Comisión Interministerial de Ciencia y Tecnología (CICYT), ha apoyado de forma decidida el desarrollo de las tecnologías de la información en el marco de la investigación universitaria y ello, sin duda alguna, ha contribuido de forma crucial a paliar los efectos de la degradación de los estudios universitarios de lengua española, pero no ha podido contrarrestar completamente el boicot de la filología oficial a la modernización de las carreras de lengua. Las consecuencias de esta constelación son múltiples. En primer lugar, las Universidades españolas son incapaces de producir licenciados con el nivel de especialización que requiere el mercado español de las industrias de la lengua. El desfase entre la filología desespecializada que produce la Universidad española y las necesidades de especialistas del mercado de trabajo —junto a la falta de inversiones en la investigación— dificulta el desarrollo del tejido investigador necesario para que España pueda participar en relación de igualdad en los proyectos europeos de lingüística computacional e ingeniería lingüística. Ello es la causa de que la participación española en proyectos europeos haya sido mínima. Así por ejemplo, España ha participado únicamente en 29 de los 106 proyectos de ingeniería lingüística que se han desarrollado en la Unión Europea en el período comprendido entre 1994 y 1998[7]. Por tanto, la participación española se encuentra muy por debajo de Francia (70 proyectos), Alemania (69 proyectos) y también de Italia (48 proyectos), e incluso por debajo de Holanda, que participó en 32 proyectos, a pesar de que, desde el punto de vista económico y político, el español es, después del inglés, la lengua más importante de la UE.

Tan regia como estéril: con la venia de la Academia

No han faltado en nuestro país medidas científicamente banales cuya existencia únicamente se puede justificar en términos políticos en función de su rentabilidad mediática. Así por ejemplo, la Real

---

[7] Cfr. *A World of Understanding. Language Technologies,* 1998, European Commission, Telematics Applications Programme (CD-ROM); cfr. también: *http:// listserv.rediris.es/cgi-bin/wa?A2=ind9902&L=infoling&P=R654*

Academia ha sido la destinataria en las últimas décadas de multimillonarias inversiones de dinero público, especialmente, si se tienen en cuenta los escasos recursos que se destinan en España a la investigación científica. Una parte muy importante de los medios económicos destinados en principio a la modernización de los instrumentos necesarios para el desarrollo de la lengua española (diccionarios, corpus textuales, etc.) ha ido a parar a esta rancia Institución. Una decisión insólita en el marco de la Unión Europea, donde las pocas Academias de la Lengua que existen todavía se han convertido en centros de documentación histórica sobre el papel que han tenido dichas instituciones en la consolidación de las lenguas nacionales[8].

Es cierto que, en la actualidad, la Academia se ha visto forzada a proyectar una imagen mediática distinta a la de hace unas décadas: la Real necesitaba urgentemente un cambio de imagen. Motivos no le faltan. En efecto, en un mundo de comunicaciones globales, resultaría no sólo inútil, sino incluso ridículo, intentar justificar la necesidad de mantener una institución para fijar el uso lingüístico. En el entorno de las lenguas de cultura no existe ninguna institución que pueda controlar o fijar su uso y, por supuesto, la Academia tampoco puede monitorizar el uso lingüístico de una comunidad de cuatrocientos millones de hablantes. Es justamente esta realidad la que ha llevado a algunos destacados académicos a justificar la existencia de la obsoleta Institución con argumentos no normativistas y, aparentemente, más modernos. Un buen ejemplo de esta actitud nos la brinda el académico Francisco Rico, cuando señala que «las academias no están para mantener un espacio, sino para permitir el *sentido natural de la lengua*» *(El País,* 7 de septiembre de 2000, pág. 35). El problema que plantea esta novedosa justificación es que para mantener *el sentido natural de la lengua* no es necesario mantener academias anacrónicas.

Quizá pueda resultar interesante analizar algunos aspectos del proyecto lexicográfico de la real Institución, ya que dicho proyecto ha constituido una de sus actividades fundamentales. Para empezar, resulta sorprendente constatar que los grandes diccionarios de la lengua española del siglo XX, concretamente, el *Diccionario de uso del español* de María Moliner (Madrid, Gredos, 1966) y el *Diccionario del español actual* de Manuel Seco y cols. (Madrid, Aguilar, 1999) han surgido al margen del Ente Glorioso. Y ello, por supuesto, no ha sucedido por casualidad. La actitud normativista de la Academia —al margen de sus vanos intentos para cambiar de imagen— ha sido un

---

[8] Sobre la creación del estándar lingüístico, cfr. el interesante artículo de José del Valle, «Lenguas imaginadas: Menéndez Pidal, la lingüística hispánica y la configuración del estándar», *Bulletin of Hispanic Studies,* 76, 1999, págs. 215-233.

lastre para su actividad y constituye una muestra de su desvinculación del uso real del español. Su lema pueril, «limpia, fija y da esplendor», así como sus aburridas letanías sobre «los errores en el uso del idioma español», cuyo fundamento parte de consideraciones ajenas a la realidad del uso cotidiano de nuestra lengua, son esperpénticamente cómicas si se las confronta con el diccionario que la Academia presenta como «modelo» del uso de la lengua española para toda la comunidad hispanohablante. En efecto, resulta difícil otorgarle siquiera un mínimo de credibilidad a esta longeva Institución, teniendo en cuenta que su *Diccionario de la Lengua Española* de 1995 comercializado en CD-ROM, no incluye palabras de uso común en la lengua española como, por ejemplo, y por citar tan sólo algunos ejemplos, *acientífico, antialérgico, antiterrorista, celulitis, circularidad, clasificable, destacable, enfatización, entreno, finalización, fluctuante, hinchable, indisociable, iniciático, karaoke, lanzamisiles,* etc. Resulta asimismo gracioso que entre los boletines cuatrimestrales (accesibles desde Internet)[9] en que la Academia publica una relación de las enmiendas y adiciones al *Diccionario,* que se van aprobando en Sesión plenaria, tampoco figuren las palabras mencionadas anteriormente (y algunos miles más...). ¿Se tratará acaso del primer *Expediente X* de la lexicografía española de la transición?

Resulta más sorprendente aún constatar que la lista de palabras señalada anteriormente sí figura en un gran diccionario de la lengua española que ha surgido al margen de esta Institución inquisitorial; me refiero al *Diccionario del español actual* de Manuel Seco y cols. Desde un punto de vista estrictamente técnico, es un despilfarro que se financie la Academia, teniendo en cuenta que la iniciativa privada —concretamente, la editorial Aguilar— ha sido capaz de promover el desarrollo de un diccionario muy superior en el marco de un proyecto empresarial económicamente rentable (Aunque bien es cierto que esta cuestión se podría analizar desde una perspectiva radicalmente opuesta: en efecto, es realmente extraordinario que en un país como España, en el que hay una lamentable desinversión en investigación, una institución tan chapucera como la Academia Española sea capaz de acaparar subvenciones multimillonarias).

Pero volvamos de nuevo a este desafortunado monumento del léxico español, me refiero, por supuesto, al *Diccionario* de la RAE (1995). Resulta casi milagroso constatar que las definiciones de las religiones, a excepción de la católica, se consideran como «sectas». Así,

---

[9] *http://www.rae.es/NIVEL1/ACADRAE.HTM*; al parecer, la modernización de nuestra insigne Academia se limita únicamente a poner pomposamente su mediocridad lexicográfica a disposición de la comunidad global...

haciendo propia la herencia del nacional-catolicismo, la Academia define «protestante» como persona «que sigue el luteranismo o cualquiera de sus sectas». Y por si al lector le cupiera alguna duda sobre la cerrazón de dicha definición, la Academia insiste de nuevo en la entrada *luteranismo*, que define como «secta de Lutero». Asimismo, es fantástico constatar que la sacrosanta Institución define *alma* tal como se enseñaba a los frailes del siglo XVI: «sustancia espiritual inmortal». En algunos casos, la desvinculación del uso real del español que se refleja en las definiciones del diccionario de la Academia raya en lo grotesco: en la entrada *copa* se define el significado de la locución verbal *irse de copas* como «ventosear» *(sic)*, verbo que la propia Academia define en la entrada correspondiente como «expeler del cuerpo los gases intestinales».

En general, la definición lexicográfica de un nombre, como por ejemplo, *canario*, trata de recoger las características de otro nombre, por ejemplo, *pájaro* —un hiperónimo de *canario*—, que incluye aspectos básicos del significado de *canario*. De este modo, la definición prototípica de *canario* puede basarse en la definición de *pájaro* añadiéndole ciertas cualidades, que en general se expresan con una oración de relativo. Así, por ejemplo, *canario* se puede definir prototípicamente como *un pájaro que tiene ciertas características*. A la luz de esta breve consideración sobre la definición lexicográfica, resulta curioso analizar la definición académica de *mendrugo*[10]: «Pedazo de pan duro o desechado, y especialmente el sobrante *que se suele dar a los mendigos*» (RAE, 1992, 958).

Se diría que la rancia Institución ha adoptado posmodernamente la enciclopedia china titulada *Emporio Celestial de Conocimientos Benévolos,* descubierta por Borges, como fuente de inspiración secreta. Pero, ¡oh!, constatamos con dolor que no hace más que reeditar lindamente y una vez más la definición de la primera edición del *Diccionario de autoridades* del siglo XVIII: «Mendrugo: El pedazo de pan *que se suele dar a los mendigos* [el subrayado es nuestro]» *Diccionario de Autoridades*[11], 1726-1739, 1734, pág. 540.

A la luz de estos ejemplos, que se podrían prolongar como una ópera bufa, se nos plantean naturalmente las siguientes cuestiones: Desde un punto de vista meramente pragmático: ¿Qué sentido tiene mantener con fondos públicos una institución que desarrolla diccionarios mediocres, cuando, tanto en España como fuera de ella, ha sido la iniciativa privada la que ha llevado a cabo los grandes proyectos lexicográficos? ¿Qué significa convertir una actividad comer-

---

[10] http://www.rae.es/NIVEL1/buscon/ntlle.htm
[11] http://www.rae.es/NIVEL1/buscon/ntlle.htm

cialmente rentable como la edición de diccionarios en una mediocre tarea subsidiada como la que lleva a cabo esta suntuosa Institución? Las subvenciones multimillonarias que recibe la Academia sólo contribuyen a dificultar el desarrollo de los departamentos lexicográficos de las editoriales comerciales, que, en la actualidad, tienen que luchar contra una Institución que les está haciendo una *competencia desleal*. Sin duda, sólo en el marco de un sistema académico corrupto como el español se pueden mantener situaciones de ineficacia prolongada y evidente como las que he señalado anteriormente.

Tradicionalmente, la Academia ha ocultado la falta de calidad de sus proyectos, apoyándose en su prestigio histórico (y el fetichismo que ha generado en la cultura hispánica) y en la connivencia de la filología oficial española, integrada básicamente por los miembros que pertenecen a los clanes y mafias universitarias. La estructura autoritaria de la filología oficial (y del mundo académico que constituye su caldo de cultivo) junto con el ninguneo y el clientelismo que practican han permitido silenciar las críticas al derroche económico realizado por esta costosa Institución y a su falta de capacidad innovadora, lo cual ha impedido que dichas críticas hayan tenido una resonancia en la opinión pública o incluso en círculos universitarios.

Posiblemente, ante esta realidad, lo interesante sería investigar desde el punto de vista histórico, sociológico —y, quizá, psicoanalítico—, por qué la lexicografía española financiada con dinero público, a pesar de ser visiblemente peor que algunos sectores de la lexicografía comercial, parece seguir siendo un fetiche cultural del mundo hispanohablante. Tradicionalmente, la lexicografía española comercial ha tomado el *Diccionario* de la RAE como punto de referencia y, en algunos casos, las obras lexicográficas más modestas se han limitado a copiar dicho *Diccionario* con mayor o menor fortuna. Posiblemente haya llegado ya el momento de que la Real Academia tome como punto de referencia la mejor lexicografía comercial española, si desea que sus diccionarios sean un reflejo del léxico real que se utiliza en la lengua española actual. Pero la solución técnicamente más coherente sería justamente acabar con la lexicografía subsidiada y dejar a la iniciativa privada que siga haciendo su labor, que es notablemente superior a la de la Academia.

Por una incompetencia global: la Academia en Internet

La mediocridad lexicográfica no es el único ejemplo que nos brinda la Academia Española sobre su incapacidad para hacer frente a los retos que tiene planteados la lengua española en la actualidad.

En efecto, el *Corpus de Referencia del Español Actual*[12] (CREA), que la RAE ha desarrollado durante los últimos años, y que cuenta ya con cien millones de palabras, nos ofrece también claros indicios de su torpeza para utilizar las nuevas tecnologías en el diseño y construcción de un corpus del español actual. La construcción de un corpus es una tarea importante, ya que los córpora permiten realizar estudios sólidamente documentados de aspectos tanto léxicos, sintácticos como semánticos, independientemente de que el objetivo de dichos estudios sea puramente teórico o aplicado. Asimismo, los córpora tienen una utilidad muy importante para el desarrollo de herramientas para el tratamiento automático de la información lingüística. Por todo ello, resulta incomprensible la decisión de la Academia de crear un corpus del español actual partiendo casi exclusivamente de textos literarios.

La mayor parte de las investigaciones lingüísticas actuales tanto teóricas como aplicadas tratan de descubrir y caracterizar —a veces, de formas muy diversas— las regularidades de las lenguas naturales tal como se manifiestan en su uso real, por ejemplo, en los medios de comunicación, en el habla cotidiana, etc. Dado que el uso literario de una lengua se caracteriza en muchas ocasiones por presentar aspectos lingüísticos únicos, que suelen estar ligados al estilo o la personalidad de un único autor, los textos literarios constituyen objetivos marginales tanto para la investigación lingüística como para la construcción de córpora. Existe además otra limitación en la utilización de textos literarios actuales para la creación de córpora, concretamente, la adquisición de los derechos de autor de los textos que los integran. Aunque el problema de los derechos se pueda resolver en última instancia, complica inútilmente la creación de un corpus e, inevitablemente, encarece su precio final y, por tanto, dificulta su difusión y su comercialización. Justamente, por toda la problemática que acabamos de exponer, los córpora creados para el inglés, como por ejemplo, el British National Corpus[13] o el American National Corpus[14] —actualmente en fase de desarrollo— tienen una constitución inversa a la del CREA: están formados fundamentalmente por textos periodísticos y publicaciones académicas y, marginalmente, por textos literarios. De nuevo, la elección de la Academia pone de manifiesto su visión filológica de la lengua: en el marco del anacronismo académico, el español tiene que tener un «modelo» y, al igual que en el *Diccionario de Autoridades* en el siglo XVIII, este «modelo» sigue siendo la lengua literaria.

---

[12] http://www.rae.es/NIVEL1/CREA.HTM
[13] http://info.ox.ac.uk/bnc/
[14] http://www.cs.vassar.edu/~ide/anc/

Analicemos ahora algunos aspectos técnicos del CREA. Los córpora requieren motores de búsqueda, es decir, aplicaciones informáticas que permitan acceder de forma lo más precisa posible a la información textual que contienen. De otro modo, los córpora se convertirían en una acumulación de información de muy poca utilidad para un usuario final. Para poder acceder a la información textual con precisión, es necesario, en primer lugar, etiquetar el corpus, lo cual consiste en marcar automáticamente los elementos léxicos que lo integran, asignándoles su categoría léxica (nombre, verbo, adjetivo, etc.) y, si procede, sus propiedades morfológicas de flexión (masculino, plural, presente de indicativo, etc.). En relación con la etiquetación del CREA, resulta sorprendente que la Academia haya elegido el sistema de etiquetación de dominio público MULTEXT (Multilingual Text Tools and Corpora)[15], que está diseñado para etiquetar corpus multilingües, a pesar de que el CREA es un corpus exclusivamente monolingüe. La elección no podría ser más incoherente desde el punto de vista técnico: se desaprovechan las ventajas para el procesamiento multilingüe del sistema MULTEXT, pero se tienen que asumir las limitaciones que lógicamente surgen cuando se utiliza dicho sistema para una aplicación —concretamente, el procesamiento monolingüe— para la que no ha sido diseñado. Pero además, como sea que la etiquetación textual constituye el punto de partida de los motores de búsqueda, resulta que las búsquedas se ven limitadas de forma drástica por la elección de un etiquetario que no está diseñado específicamente para la funcionalidad que se le da en el CREA. El resultado es que el motor de búsquedas del CREA es impreciso y ofrece unas prestaciones muy mediocres para el usuario final; así por ejemplo, no permite realizar búsquedas con expresiones regulares (lo que hoy constituye casi un estándar) y tampoco reconoce locuciones, lo cual limita enormemente la explotación del CREA.

La chapuza multimillonaria de la Academia se puede analizar también desde la propia organización del proyecto. Así, a pesar de no tener ninguna experiencia en lingüística computacional, la RAE se ha aventurado en solitario a realizar una tarea para la que no está técnicamente preparada. Comparemos la osadía de la RAE con la forma de organizar el desarrollo del British National Corpus. Este proyecto se inició en 1991 mediante un consorcio académico-industrial liderado por Oxford University Press y por editores como Addison-Wesley Longman y Larousse Kingfisher Chambers; centros de investigación universitarios como el Oxford University Computing Services, el Lancaster University's Centre for Computer Research on

---

[15] *http://www.lpl.univ-aix.fr/projects/multext/*

the English Language y el British Library's Research and Innovation Centre. A su vez, el proyecto contó con la financiación de diversos colaboradores comerciales. Como es lógico, el desarrollo de proyectos de envergadura requiere la participación de especialistas de diversas procedencias, la colaboración con entidades académicas, editoriales y empresas comerciales, si lo que se desea realmente es conseguir un producto competitivo. Así, posiblemente sea comprensible que la RAE no haya recurrido a otras empresas productoras de diccionarios, puesto que sería una aceptación implícita de la mediocridad de su producto lexicográfico. Pero resulta paradójico que una Institución financiada con dinero estatal no haya recurrido a los múltiples sistemas de tratamiento de información textual creados en el marco de proyectos nacionales de investigación, ya que dichos sistemas brindan enormes posibilidades para el tratamiento de córpora, pues, a diferencia de MULTEXT, muchos de ellos han sido desarrollados con el propósito específico de permitir el tratamiento automático de textos monolingües en español[16].

El futuro del español: la lengua de América

El reto fundamental que tiene planteada la lengua española en estos momentos es explotar y aprovechar el enorme potencial económico del desarrollo de aplicaciones comerciales para su tratamiento automático. Afrontar este reto con posibilidades de éxito requiere instituciones con nuevos planteamientos y con metas tecnológicas y comerciales claramente definidas; se requieren nuevas instituciones dirigidas por profesionales capaces de reunir a los especialistas más prestigiosos, de aunar esfuerzos para conseguir una meta común, de erradicar el ninguneo y el clientelismo, que actualmente constituyen el cáncer que corroe la innovación tecnológica en la lingüística española. Con este fin, es necesario regenerar la podredumbre que ahoga el mundo académico español. Es necesario democratizar realmente las estructuras universitarias y para ello es imprescindible crear un nuevo sistema de contratación de profesorado que se fundamente únicamente en criterios de calidad. Y para conseguir este objetivo hay que acabar con la corrupción estatalmente consentida de los

---

[16] Los proyectos existentes son tan numerosos y sus características tan diversas que resulta imposible dar cuenta de ellos en este artículo. Las personas interesadas pueden consultar: *http://listserv.rediris.es/cgi-bin/wa?A2=ind9902&L=infoling&P=R3157*

concursos públicos «a la española». Paralelamente, la Universidad debe proporcionar proyectos atractivos a las empresas, con objeto de impulsar el desarrollo de productos comerciales para el tratamiento automático de la lengua española. Si en el ámbito de las industrias de la lengua en España no se lleva a cabo una política científica y tecnológica global, que vaya más allá de las repercusiones mediáticas inmediatas, si el espacio que debería estar ocupado por el desarrollo de la tecnología lingüística sigue colonizado por el desfase tecnológico de la filología oficial, tenemos garantizado el fracaso del desarrollo de las industrias de la lengua.

Posiblemente, la lengua española esté cosechando ya sus primeros fracasos; de hecho, en España, es una lengua en regresión: así por ejemplo, ya casi ni nos atrevemos a llamar a nuestra lengua por el nombre con que se la conoce en el resto del mundo, es decir, *español*. La utilización del término alternativo *castellano* parece ser una extraña concesión a determinadas Comunidades Autónomas (por ejemplo, Cataluña), sin duda, por su eficaz labor de eliminación total del español de la enseñanza primaria y, prácticamente, de la enseñanza secundaria. Sin embargo, no hay que dejarse llevar por el alarmismo pesimista. Aunque España haya dejado de ser un punto de referencia para la lengua española, no hay que olvidar que el español es una lengua plurinacional, que, en la actualidad, constituye la segunda lengua hablada en Estados Unidos. Éste será el futuro del español: su resurgimiento como una lengua americana, ya que es en América donde se encuentra su mayor número de hablantes, sus tradiciones literarias más innovadoras y su riqueza multicultural.